Frankfurter Fragmente

Stefan Gandler

Frankfurter Fragmente

Essays zur kritischen Theorie

Bibliografische Information der Deutschen Nationalbibliothek
Die Deutsche Nationalbibliothek verzeichnet diese Publikation
in der DeutschenNationalbibliografie; detaillierte bibliografische
Daten sind im Internet über http://dnb.d-nb.de abrufbar.

Die Realisierung dieser Ausgabe wurde mit ermöglicht
durch eine Förderung des Consejo Nacional de Ciencia y Tecnología,
México, im Rahmen des Forschungsprojektes des Fondo SEP-CONACyT,
Ciencia Básica 2011, Projekt 168511: "Teoría crítica desde las Américas".

Umschlagabbildung: Sofía Rodríguez Fernández: "En la carretera"
Técnica mixta sobre tabla (Mischtechnik auf Holz), 120 x 80 cm.

Gedruckt auf alterungsbeständigem,
säurefreiem Papier.

ISBN 978-3-631-63400-4 (Print)
E-ISBN 978-3-653-03001-3 (E-Book)
DOI 10.3726/978-3-653-03001-3

© Peter Lang GmbH
Internationaler Verlag der Wissenschaften
Frankfurt am Main 2013
Alle Rechte vorbehalten.
Peter Lang Edition ist ein Imprint der Peter Lang GmbH.

Peter Lang – Frankfurt am Main · Bern · Bruxelles · New York ·
Oxford · Warszawa · Wien

Erste Auflage in deutscher Sprache, 2013
Titel der mexikanischen Originalausgabe:
Fragmentos de Frankfurt. Ensayos sobre la Teoría crítica.
México, Distrito Federal, Siglo XXI Editores, 2009, 143 S.
Übersetzt von Dorothea Hemmerling (Einleitung, Kapitel 1 und 4)
sowie dem Autor (Kapitel 2, 3 und 5).

Das Werk einschließlich aller seiner Teile ist urheberrechtlich
geschützt. Jede Verwertung außerhalb der engen Grenzen des
Urheberrechtsgesetzes ist ohne Zustimmung des Verlages
unzulässig und strafbar. Das gilt insbesondere für
Vervielfältigungen, Übersetzungen, Mikroverfilmungen und die
Einspeicherung und Verarbeitung in elektronischen Systemen.

www.peterlang.de

Für Sofía,
Alissandro
und Oriana

Vorwort zur deutschen Ausgabe

Die hier vorgelegten *Frankfurter Fragmente* kehren nun zurück an den Ort, an dem sie in den Lektüren, Debatten und handfesten Auseinandersetzungen anfingen zu gedeihen, an denen sich der Autor in jener Stadt beteiligte, meist im Rahmen der dortigen Universität und der an ihr sich abspielenden Konflikten um den nicht enden wollenden Versuch, die Geschichte der Stadt und der Universität umzuschreiben, um die bis heute tiefen Wunden zu übertünchen. In den achtziger und neunziger Jahren des *einzigartigen* zwanzigsten Jahrhunderst lebten noch viele der Alten aus der Zeit des Nationalsozialismus, insbesondere Täter und *Zuschauer* (*bystander*, Hilberg), doch auch der ein oder andere *Zurückgekehrte* (Lanzmann) und einige wenige Exilierte, die zurückkamen. In jenem Frankfurt am Main konnten diese *Fragmente* nicht wirklich gedeihen, zu groß war die Gewalt und Zahl der vorgeblich *geläuterten Mitläufer* und ihrer Intimi, zu schmal das Rückgrat und die Zahl derer, die sich dagegen stellten.

Einige gingen, andere gingen in sich, die Kompromissloseste sprang aus dem 13. Stock eines Frankfurter Hochhauses, Karl Kraus und seine literarische Analyse des autoritären Charakters im Kopf und im hinterlassenen Manuskript.

Nur außerhalb Frankfurts, außerhalb der BRD, außerhalb Europas und letztlich außerhalb der selbsternannten *Ersten Welt* konnte das, was in Frankfurt festgefahren war, wieder unbeschwert gedacht, entwickelt, und allmählich zu Papier gebracht werden. Dieses „Außerhalb" konkretisierte sich nicht zufällig in Mexiko, dem ersten Land Amerikas, in dem die Sklaverei verboten wurde – bereits als Teil des Unabhängigkeitskampfes –, dessen postrevolutionäre Regierung einsam vor der Liga der Nationen gegen den *Anschluss* Österreichs protestierte, dessen Staat niemals die spanische Franco-Diktatur anerkannte und diplomatische Beziehungen zum Vatikan erst 1994 aufnahm und in dem die tiefbürgerliche Trennung von Kirche und Staat ernsthafter vollzogen wurde als in fast allen anderen Staaten der Welt, das Frankreich der *Grande Révolution* mit eingeschlossen. Nicht zuletzt ist es auch die Autonomie der öffentlichen mexikanischen Universitäten, die Debatten und Reflexionen ermöglichte und ermöglicht, die im deutschen akademischen Leben erfahrungsgemäß nurmehr hinter vorgehaltener Hand geführt werden.

So ist dieses Buch – das nun in deutscher Übersetzung zurückkehrt an den Ort, an dem die darin entwickelten Reflexionen ihren Anfang nahmen – auch eine Hommage an Mexiko und insbesondere an Mexiko-Stadt, *die* Exilstadt des zwanzigsten Jahrhunderts, die, wenn sie nicht bereits existierte, erfunden werden müsste, um *trotz allem* heute noch denken und atmen zu können.

Stefan Gandler, México, 1. Oktober 2013

Inhaltsverzeichnis

Einleitung 9

1. Kritische Theorie ohne Frankfurt? 19
   Grundelemente der kritischen Theorie 19
   Antisemitismusanalyse und Erkenntniskritik bei Horkheimer
   und Adorno 31

2. Unterbrechung des Kontinuums der Geschichte bei
   Walter Benjamin 43
      I. Warum schaut der *Engel der Geschichte* zurück? 43
      II. Warum *schaut* der Engel der Geschichte *zurück*? .. 47
         Zum Ersten: der epistemologische Aspekt 48
         Zum Zweiten: der ontologische Aspekt 57
         Zum Dritten: der politische Aspekt 67

3. Das Problem des Staates – Marcuses Hegel-Lektüre 81
   Was ist der Kern der Heglesehen Staatslehre? 83
   Epilog zur Reflexion über Hegel und Marcuse 92

4. Historisierte Dialektik – Horkheimers und Adornos
   unredliche Erben 101

5. Moderne und Identität – Aktualität der sozialphilosophischen
   Reflexion 115
   Vorbemerkungen 115
   Differenz und Identität 116

Einleitung

Mit der Übergabe dieser *Frankfurter Fragmente*, die aus fünf Aufsätzen bestehen, an den Leser, die Leserin, sieht sich der Autor gehalten auf die jüngste Vergangenheit zurückzublicken, konkret auf die Deutschlands und die der Stadt Frankfurt. In der Moderne gibt es wenige philosophische Schulen, deren Namen sich aus dem einer Stadt herleiten. Im Falle der *kritischen Theorie der Gesellschaft* wurde diese Terminologie, die das Begriffliche ins Geographische verwässert, eingehend kritisiert, nicht nur aufgrund der Tatsache, dass die meisten Texte dieser Schule nicht in Frankfurt am Main, sondern in Paris, New York, Berkeley, Los Angeles, San Diego und anderen Städten verfasst wurden, welche die Mitglieder des Instituts für Sozialforschung und Walter Benjamin aufnahmen, als diese sich mit dem Aufstieg der Nationalsozialisten genötigt sahen, Deutschland zu verlassen, um weiter arbeiten und existieren zu können.

Die auf den nachfolgenden Seiten vorgestellten Fragmente sind deren Frankfurter, nicht nur weil dieser Name, obwohl im geschichtlichen Sinne falsch, zur Bezeichnung dieser theoretischen Tradition allgemein geläufig ist, sondern diese Fragmente sind auch im genealogischen Sinne eng mit dieser Stadt verknüpft. Damit sind nicht so sehr ‚in Frankfurt *gedachte* Fragmente' gemeint, sondern ‚fragmentierte *Gedanken* aus Frankfurt' (oder auch ‚in Frankfurt fragmentierte *Gedanken*'). Als wir im Jahre 1993 diese Stadt verließen, führten wir in unseren Koffern und in unseren Reflexionen eine Fracht mit, die beim Einpacken, Ortswechsel und Auspacken immer mehr sich fragmentierte, zerbröckelte und auseinander fiel. Diese *philosophische Fragmentierung* schmerzt nicht und stellt auch keinen begrifflichen Verlust dar, der bei irgendeiner Stelle für akademische Qualitätskontrolle zu reklamieren wäre. Vielmehr versetzte uns dieses *estrangement* (dieses Sich-Entfernen, diese Entfremdung – und in der Folge *Verfremdung*) in die Lage, die kritische Theorie im philosophischen und begrifflichen Sinne auf eine Art und Weise zu verstehen, wie es uns *in* Frankfurt nicht gelungen war.

Indem wir uns von dem Ort entfernten, an dem (vor dem Nationalsozialismus, und für einige Mitglieder auch nach dem *Zivilisationsbruch*) diese für das 20. Jahrhundert einzigartige Gruppe von Denkern zusammengetroffen war, konnten wir uns ihren zentralen Denkansätzen und ihrem Begriff der Materialität dieser Stadt, dieses Landes und dieses Kontinents und dieser Form der gesellschaftlichen Reproduktion viel besser nähern: Frankfurt, Deutschland, Europa und die Form der kapitalistischen Vergesellschaftung.

Heute hat Frankfurt nicht nur wichtige Originaldokumente der Autoren der kritischen Theorie verloren, sondern die Stadt und ihre Universität gehen sogar soweit, ihre eigene Geschichte, im Sinne einer von der kritischen Theorie inspirierten theoretischen und philosophischen Tradition der bedingungslosen Reflexion, in Abrede zu stellen. (Schon vor ein paar Jahren wurde das Walter Benjamin-Archiv von Frankfurt nach Berlin verlegt, weil die Universität Frankfurt und die Stadtregierung nicht bereit waren, diesem bedeutenden Archiv würdige Räumlichkeiten zur Verfügung zu stellen.)

Frankfurt stand in einer Tradition, die weniger von der Unterordnung unter die Zentralregierungen geprägt war, als die der meisten anderen deutschen Städte, wie Heideggers Freiburg. Die Stadt zeichnete sich durch ein vergleichsweise offenes Bürgertum aus, das sich im deutschen Kontext relativ wenig der Macht des alten feudalen Systems und seiner dominanten Klassen unterordnete. Von diesem Frankfurter Bürgertum, und vor allem von den bürgerlichen Juden, ging vor fast hundert Jahren der Anstoß zur Gründung der Universität Frankfurt aus und es waren Juden, die das Institut für Sozialforschung finanzierten, das von der Universität unabhängig war, aber bestimmte institutionelle Beziehungen zu ihr pflegte. Da es eine private akademische Institution mit antisemitismuskritischer Ausrichtung war, fanden die antisemitischen Berufungspraktiken in der Weimarer Republik keine Anwendung, so dass jüdische Dozenten dort ohne jegliche Diskriminierung lehren und forschen konnten; dies war *vor* dem Nationalsozialismus an den staatlichen deutschen wissenschaftlichen Institutionen so in aller Regel nicht möglich.

Im allgemeinen und aus offenkundigen Gründen wird die Geschichte, die dieses Frankfurt, seine Universität und insbesondere das Institut für Sozialforschung geprägt hat, kaum in Reden und Veröffentlichungen erwähnt. Auf diese Weise wurde ein arisches Frankfurt rekonstruiert, in dem die Kapitalisten von heute, also die Erben derjenigen, die dieses atypische Frankfurter Bürgertum enteignet und ihre Vertreter in den Tod (und in manchen Fällen auch ins Exil) geschickt hatten, sich plötzlich zu den wahren Hütern dieser Frankfurter Tradition erklären. Dies ist nicht nur eine gewaltige Geschichtsfälschung, sondern stellt zudem den Versuch dar, die Frankfurter Juden *zum zweiten Mal* zu enteignen und aus der Stadt, der Universität und dem Institut für Sozialforschung verschwinden zu lassen.

In diesem Sinne war es notwendig, sich von dem zu entfernen, was heute an der Oberfläche dieser Stadt übrig geblieben ist und dieses atypische – im Sinne von *antifeudale* –, bürgerliche Frankfurt auf andere Art und Weise zu betrachten, wobei der Fähigkeit das, was sich weiterhin *Frankfurter Schule* nennt, inspirieren, bewahren und annehmen zu können eine entscheidende Bedeutung zukommt. Dieser Name ist daher nur noch angebracht, wenn er als Reminiszenz an jene Stadt verstanden wird, die mit dem Nationalsozialismus, der Vernichtung der europäischen Juden und der Unfähigkeit der deutschen postnationalsozialistischen Gesellschaft, wirklich mit den Resten dieser Denk- und Handlungsweisen und ihren führenden Vertretern zu brechen, untergegangen war. Auch in diesem Sinne sprechen wir von *Fragmenten*: von diesem Frankfurt, von dieser *Schule* blieben nur Bruchstücke, Fragmente, versteinerte Reste übrig, halb verschüttet und für den heutigen Blick kaum erkennbar.

Diese Fragmente sind somit auch Fragmente der Erinnerung, sowohl der kollektiven als auch der individuellen.

Die kollektive Erinnerung. Trotz allem lebte sie in den achtziger und neunziger Jahren des letzten Jahrhunderts auf den Gängen der philosophischen und gesellschaftswissenschaftlichen Fachbereiche der Universität Frankfurt fort. Viele von uns, die damals dort studierten, linke Studenten und Studentinnen, hatte der Ruf der kritischen Theorie und die Hoffnung, etwas von ihrer begrifflichen Radikalität zu finden, an diese Universität gelockt; eine Radikalität, die trachtete, bis an die tiefsten Wurzeln der gesellschaftlichen Widersprüche zu gelangen, die der Nährboden des Nationalsozialismus und seines zentralen Verbrechens waren: der *Shoah*, der Vernichtung der europäischen Juden, Roma und Sinti. Uns interessierte diese begriffliche Radikalität, die danach strebte, die Grenzen jenes dogmatischen Marxismus der Sowjetunion und ihrer Verbündeten hinter sich zu lassen und nicht bei der Kritik der Widersprüche der kapitalistischen Reproduktion der Gesellschaft stehen zu bleiben, sondern ihr entscheidendes Verhältnis zu tradierten, stark *kulturalisierten*, in die okzidentale Kultur integrierten Formen der alltäglichen Denk-, Sprach- und Handlungsweisen zu untersuchen.

In den Hörsälen war die Enttäuschung bei vielen von uns sehr groß. Obgleich der Rechtsruck in Frankfurt nicht so ausgeprägt war wie an anderen deutschen Universitäten, waren die akademischen Verhältnisse weit von dem entfernt, was wir erhofft hatten. Habermas und seine Anhänger hatten sich des philosophischen Instituts längst weitgehend bemächtigt, die von der kritischen Theorie inspirierten Dozenten an den Fachbereichen Gesellschaftswissenschaften, Germanistik, Geschichte und Jura hatten eine vollends defensive Haltung eingenommen und die rechtsgerichteten Universitätsangehörigen belegten von Tag zu Tag mehr Räume. Nur in den Vorlesungen von einigen Professoren wie Alfred Schmidt, Joachim Hirsch, Jürgen Ritsert und Heinz Steinert, in Seminaren von Gastdozenten oder Lehrbeauftragten stießen wir auf *Reste* des Denkens und der ursprünglichen kritischen Theorie und, was äußerst wichtig war, auf Debatten mit anderen von der kritischen Theorie inspirierten Studenten, von denen einige umfassende Kenntnisse der einschlägigen Schriften hatten und sich scharfsinnig darauf verstanden, einen Bezug zwischen der Begrifflichkeit und den Analysen der kritischen Theorie und den aktuellen politischen Problemen weltweit, in Deutschland, in Frankfurt und an der Universität herzustellen, wie zum Beispiel Peter-Erwin Jansen, heute Herausgeber der nachgelassenen Werke von Herbert Marcuse (und Leo Löwenthal) sowie Susanne Kill, damals Studentin der Geschichtswissenschaften, die ihren Schwerpunkt auf nationalsozialistische Themen gelegt hatte.

Die individuelle Erinnerung. Durch dieses Spannungsverhältnis zwischen den Resten der kritischen Theorie auf den Gängen, in verschiedenen Seminaren, in politisch-akademischen sowie universitätspolitischen Diskussionen einerseits und der wachsenden Präsenz einer universitären Rechten andererseits – die zusammenfiel mit einer zunehmenden Marginalisierung der verbliebenen linken Professorenschaft – kam es für uns zu immer unerträglicheren Situationen, die selbst die kritische Reflexion behinderten, auch im Fall von studentischen Subjekten (so nannten wir uns damals), die sich intensiv mit dem Verständnis der kritischen Theorie der Frankfurter Schule befassten.

Um nur ein Beispiel zu nennen: Einige Tage vor den offiziellen Feierlichkeiten zum 75-jährigen Jubiläum der Johann Wolfgang Goethe-Universität Frankfurt war der Verfasser dieser Zeilen demokratisch zum Vorsitzenden des Allgemeinen Studentenausschusses (AStA) gewählt worden, das leitende Organ der verfassten Studentenschaft, dem laut Gesetz alle eingeschriebenen Studenten und Studentinnen angehören. Im Jahr 1989 war es noch möglich als Mitglied der studentischen Hochschulgruppe Linke Liste/Undogmatische Linke – die im Gegensatz zu den anderen Gruppen keiner etablierten politischen Partei nahe stand – gewählt zu werden, selbst in einem immer konservativeren Zusammenhang. Ausschlaggebend war ein nationaler Studentenstreik (der Streik mit der bis damals größten zahlenmäßigen Beteiligung in der Geschichte der Universität), der an der Universität Frankfurt begonnen hatte und vor diesen Wahlen beendet worden war. Infolge unserer organisatorischen und argumentativen Fähigkeiten sowie unseres erfolgreichen Widerstands gegen den Versuch des Universitätspräsidenten, den Studentenstreik für seine eigenen Interessen zu vereinnahmen und sich diesen unterzuordnen, erlangten einige von uns während dieses Streiks weitgehenden Respekt. Wir wollten eine tiefgreifende Reform der Universität, einen endgültigen Bruch mit dem autoritären und reaktionären Erbe, das in ihrer Struktur und in den institutionell festgelegten akademischen Inhalten fortbestand, sowie die Beendigung der zunehmenden Ausgrenzung von Denkern aus der Professorenschaft, die den herrschenden Verhältnissen kritisch gegenüberstanden. Dagegen ging es der Mehrheit der am Streik beteiligten Studenten lediglich um mehr Finanzmittel und bessere Einrichtungen für die Universität. Trotz ihrer begrenzten politischen Ansätze, erklärten wir uns bereit, die Organisation der Bewegung und ihre Verteidigung gegen die Angriffe von Seiten des Universitätspräsidenten zu unterstützen, wodurch wir in der Streikbewegung, auch über die Grenzen der Universität Frankfurt hinaus, keine gewisse Bekanntheit erlangten.

Als der damalige rechtsgerichtete Präsident der Universität, Klaus Ring, mit einer gewissen Affinität für die extreme Rechte und antisemitische Politiker wie dem damaligen Bundesminister für Bildung und Forschung, Jürgen Möllemann – dem später wegen illegaler Lieferungen modernster Kampfpanzer an arabische Länder in militärischen Konfliktsituationen die parlamentarische Immunität entzogen wurde, um gegen ihn strafrechtlich zu ermitteln – von dem Ausgang dieser Wahlen erfuhr, widerrief er sofort die an die Studentenschaft ausgesprochene Einladung, ihren Vorsitzenden als Redner an den öffentlichen Festakt zu entsenden.

Diese frappante Entscheidung, die seit dem Ende des Nationalsozialismus kein Präsident einer deutschen Universität in dieser Form getroffen hatte, ist auf unsere früheren argumentativen Beiträge zurückzuführen, bei denen wir an die erwähnte spezifische Geschichte der Stadt Frankfurt und an die Rolle des alten, teils liberalen, Bürgertums, insbesondere seiner jüdischen Mitglieder, erinnert hatten. Zudem hatten wir die Versuche seitens des Universitätspräsidenten und eines Teils der rechtsgerichteten Professorenschaft sowie einiger Vertreter der herrschenden Klassen in Frankfurt kritisiert, die Geschichte der Universität zu verfälschen, indem der Unterschied zwischen dem prenationalsozialistischen Bürgertum dieser Stadt, das die Universität gegründet und in ihren ersten Jahren finanziert hatte, und dem postnationalsozialistischen Bürgertum in Abrede gestellt wurde, das nun nicht nur die Kosten der Universität nicht mehr trug, die in den staatlichen Haushalt überführt worden waren, sondern auch politisch und historisch jenem liberalen jüdischen Bürgertum diametral entgegenstand, das die Stadt Frankfurt und ihre Universität von den anderen Deutschlands abhob.

Dieses *Entgegenstehen* erreichte von den dreißiger bis neunziger Jahren des 20. Jahrhunderts bei einigen hochrangigen Vertretern kapitalistischer Unternehmen in Frankfurt Extreme, die bis heute kollektiv verdrängt werden. Der am meisten hervorstechende Fall ist derjenige des Chefs der Deutschen Bank, Hermann Josef Abs, seines Zeichens der wichtigste Finanzberater Hitlers sowie einer der Aufsichtsratsmitglieder des Chemiekonzerns IG-Farben, der während des Nationalsozialismus in seinen Fabriken Tausende von Sklavenarbeitern *einsetzte*, von denen die meisten an den Folgen der Misshandlungen und an Unterernährung sowie an Krankheiten starben, welche die unsäglichen Lebensbedingungen, in der die SS diese Menschen mit dem Einverständnis des Unternehmen gefangen hielt, ausgelöst hatten. Dieses Vertreter des ‚neuen Bürgertums' der nationalsozialistischen Zeit, die an diesem System in hochrangigen Posten mitgewirkt hatten – die, die nicht nur den liberalen jüdischen Teil des *alten* Bürgertums enteignet hatten, sondern seine Mitglieder auch in die Gaskammern schickten, wenn es diesen nicht gelang, rechtzeitig zu flüchten –, erklärten sich schneidig zu den ‚wirklichen Erben der Gründer der Universität Frankfurt'. Mit dieser perversen Rekonstruktion der Geschichte Frankfurts – implizit pro-nationalsozialistisch, da sie die Existenz selbst der Juden in Deutschland vor dem Nationalsozialismus leugneten – beabsichtigten sie, sich im Rahmen der Gedenkfeiern zum 75-jährigen Jubiläum der Universität selbst zu huldigen.

Der Universitätspräsident wollte unter allen Umständen verhindern, dass der Verfasser dieses Buches, als gewählter Vertreter der Studentenschaft, diese Verfälschung der Erinnerung kritisiere und eine andere Sicht der Geschichte der Universität Frankfurt darlege, in der Namen wie Horkheimer, Adorno, Marcuse und Neumann eine zentrale Rolle gespielt hätten. Letzterer hatte mit seinem Buch *Behemoth* maßgeblich zu unserem Verständnis der Struktur des Nationalsozialismus beigetragen, dessen politische, ideologische und ökonomische Merkmale er bis in das kleinste Detail beschreibt und analysiert. Neumanns empirisch-theoretische Analyse des Nationalsozialismus, samt den dazugehörigen philosophischen und gesellschaftstheoretischen Reflexionen sowie den gesellschaftswissenschaftlichen Beiträgen der anderen Autoren der kritischen Theorie, waren unsere primären Bezugspunkte[1] für die von uns geplante

---

1   Zu unserer persönlichen Annäherung an das Thema Nationalsozialismus, vor allem in Bezug auf die *Shoah*, sowie zu unserer konsequenten an der nicht dogmatischen Linken orientierten politischen Einstellung, zu der auch unser Bewusstsein über die enge Beziehung zwischen dem Nationalsozialismus und der kapitalistischen Reproduktionsweise gehört, siehe ausführlicher Stefan Gandler, „Sobre el impacto generacional de la película de Claude Lanzmann." In: *Desacatos. Revista de Antropología Social*.

Rede bei der offiziellen 75-Jahr-Feier. Diese Gedenkfeier fand am 4. November 1989 in der Frankfurter Paulskirche statt, als Versammlungsstätte des ersten deutschen Parlaments ein besonders hervorstechendes Symbol der deutschen Demokratie.

Die durch die Texte der kritischen Theorie ermöglichten, provozierten und angeregten Lern-, Reflexions- und Verstehensprozesse sollten sich auf eine sehr eigene Art und Weise verwirklichen, eben in Bezug auf die Geschichte der Universität Frankfurt, der diese Autoren biografisch sehr nahe standen. Aber der Fanatismus (und die Angst vor der historischen und juristischen Wahrheit) jener ehemaligen „Wirtschaftsführern" im Nationalsozialismus, die damals nach wie vor sehr hohe Posten in Frankfurt und Deutschland innehatten, in Komplizenschaft mit dem Autoritarismus des Universitätspräsidenten, vereitelten den Versuch, die Reflexionen der *Frankfurter Schule* anlässlich einer bedeutenden Gedenkfeier in Frankfurt selbst, in der örtlichen Universität *plastische Gestalt zu verleihen*.

Die Entscheidung des Universitätspräsidenten war so vehement, dass er mit Schlagstöcken ausgerüstete Polizeikräfte entsandte, um die demokratisch gewählten Vertreter der Studentenschaft der Universität Frankfurt am Betreten der Paulskirche zu hindern, während etliche rechtsgerichtete Studenten und Studentinnen persönlich zur Teilnahme an den Feierlichkeiten eingeladen wurden. Die Vertreter der selbsternannten ‚zweiten Generation der kritischen Theorie', wie Habermas, oder der ‚dritten', wie Honneth und Dubiel, sahen keinen Anlass, gegen diesen Akt akademischer Zensur zu protestieren, der darauf abzielte, den Ausschluss des theoretischen und historischen Standpunkts der kritischen Theorie bei der 75-Jahr-Feier der Universität Frankfurt sicherzustellen. Während die ‚Erben der kritischen Theorie' schwiegen, kritisierte nur die renommierteste konservative deutsche Tageszeitung, die *Frankfurter Allgemeine Zeitung*, in einem Kommentar diesen Ausschluss von der Gedenkfeier[2].

México D.F., Centro de Investigaciones y Estudios en Antropología Social, Nr. 29, Januar-April 2009, S. 159-170.

[2] Vgl.: „Eine Universitätsfeier mit nur wenigen, handverlesenen Studenten – das gab auch vielen der geladenen Gäste zu denken. [...] Dabei wäre ein legitimierter Sprecher der Studierenden bei den meisten Anwesenden auf offene Ohren gestossen."

Diese und eine Reihe ähnlicher Erfahrungen waren der Grund dafür, die Frankfurter Fragmente einzupacken und diesen Ort zu verlassen, da es – trotz einer gewissen *impliziten* Präsenz der kritischen Theorie an der Universität Frankfurt – dort *materiell* unmöglich war, ihre bedeutendsten begrifflichen Beiträge weiterzuentwickeln. Erst 1993, mit der Ankunft in Mexiko (ein wunderschönes Land mit einer antifaschistischen Tradition und Persönlichkeiten wie Isidro Fabela[*]) gelang es uns, das implizit in Frankfurt Begriffene *wirklich* produktiv umzusetzen.

Fragmentarisch konnten sich diese *kritischen* Begriffe trotz der äußerst widrigen Umstände in Frankfurt behaupten und sie werden auf den folgenden Seiten als *Frankfurter Fragmente* vorgestellt. Alle Texte, mit Ausnahme von „Das Problem des Staates", wurden verfasst, als wir uns bereits in Mexiko niedergelassen hatten, wo die ehemaligen Funktionäre des Nationalsozialismus und ihre Freunde keine Kontrolle über die öffentlichen Universitäten haben.

Wenn wir nun diese Aufsätze als Buch veröffentlichen, verfolgen wir damit die Absicht, begriffliche Elemente zum Zusammenfügen einer zerschlagenen nicht reformistischen Interpretation und Entwicklung der kritischen Theorie beizutragen, als Gegenpol zur derzeitigen – auch in Mexiko – herrschenden *philosophischen Mode* dieser theoretischen und gesellschaftswissenschaftlichen Schule den kritischen Stachel zu ziehen. Nachdem es auf internationaler Ebene lange Zeit darum ging (von Seiten der Rechten, aber auch der dogmatischen Linken), der Radikalität deren Kritik an den gegebenen gesellschaftlichen Verhältnissen auszuweichen, indem die Relevanz der Beiträge dieser einzigartigen Gruppe von Denkern des 20. Jahrhunderts umgangen, verschwiegen und geleugnet wurde, hat sich diese argumentative Strategie nun geändert. Heute besteht diese Strate-

---

(Christiane Götz, „Einfallslos", in: *Frankfurter Allgemeine Zeitung*, Lokalteil: *Rhein-Main-Zeitung*, Frankfurt am Main, 6. November 1989, Nr. 258, S. 39). Im Internet: http://www.scribd.com/doc/166603490/75-Jahr-Feier-Goethe-Uni.

[*] Anmerkung zur deutschen Ausgabe: Isidro Fabela (1882-1964) protestierte am 19. März 1938, als Vertreter Mexikos und im Auftrag des damaligen Staatspräsidenten Lázaro Cárdenas, im Völkerbund (Société des Nations/League of Nations), als einziger aller Regierungsrepräsentanten, gegen den *Anschluss* Österreichs durch das nationalsozialistische Deutschland. (S.G.)

gie, die gleichzeitig die destruktiv *effektivste* ist, zumeist aus dem unablässigen Feiern, Loben und Zitieren der kritischen Theorie, wobei pedantisch darauf geachtet wird, ihren handfesten Beitrag auf Kulturstudien mit dem geringstmöglichen gesamtgesellschaftlichen Bezug zu reduzieren. Gleichzeitig, und mit gleichen Vehemenz, geht es darum, die *aktuelle* Relevanz ihrer Kritik an den kapitalistischen gesellschaftlichen Verhältnissen abzustreiten.

Die folgenden Texte stellen den Versuch dar, die kritische Theorie aus ihrer *Kulturalisierung* und *Historisierung* zu lösen, in die sie ihre heutigen Gegner versenkt haben – oftmals im Schafspelz der ‚aktualisierten Anhänger der kritischen Theorie' –, um auf diese Weise ihre absolute *Erbarmungslosigkeit* bei der Kritik der zerstörerischen und selbstzerstörerischen Tendenzen der Gesellschaftsform, in der wir *noch* leben, wieder sichtbar zu machen.

1. Kritische Theorie ohne Frankfurt?

> *Im Zeichen des Henkers vollzog sich die Entwicklung der Kultur; die Genesis, die von der Vertreibung aus dem Paradies erzählt, und die Soirées de Petersbourg stimmen darin überein. Im Zeichen des Henkers stehen Arbeit und Genuss. Dem widersprechen heißt aller Wissenschaft, aller Logik ins Gesicht schlagen. Man kann nicht den Schrecken abschaffen und Zivilisation übrigbehalten. Schon jenen zu lockern bedeutet den Beginn der Auflösung. Verschiedenste Konsequenzen können daraus gezogen werden: von der Anbetung faschistischer Barbarei bis zur Zuflucht zu den Höllenkreisen. Es gibt noch eine weitere: der Logik spotten, wenn sie gegen die Menschheit ist.*
>
> Horkheimer und Adorno: *Dialektik der Aufklärung,*
>
> Aufzeichnungen und Entwürfe: *Quand même.*

Grundelemente der kritischen Theorie

Die kritische Theorie der Frankfurter Schule ist tot. Diese Tatsache anzuerkennen, ist die elementare Voraussetzung, um ihr einzigartiges Projekt zu gegebener Zeit wiederaufgreifen zu können. Die sich über mehrere Jahrzehnte hinziehende Agonie setzte spätestens in den vierziger und fünfziger Jahren ein mit der Auflösung eines der wenigen im 20. Jahrhundert erfolgreichen Projekte einer nicht nur multidisziplinären, sondern auch interdisziplinären Gruppe von Gesellschaftswissenschaftlern, und endete mit dem Tod des letzten Mitglieds oder Vertreters dieser Schule: Leo Löwenthal starb 1994 in Berkeley, Kalifornien, wo er den Großteil seines Lebens an der University of California gearbeitet hatte, wie auch sein Freund und Kollege Herbert Marcuse[1]. Obgleich die Autoren dieser Schule nach deren Auflösung in verstärktem Maße allein arbeiteten, sind sie nur mit Blick auf den vom Ende der zwanziger Jahre bis zu den vierziger und fünfziger Jahren währenden einzigartigen Zeitraum eines sehr fruchtbaren Austausches zu verstehen.

Ferner ist es unmöglich diese Autoren (die bekanntesten sind, neben den bereits genannten, Max Horkheimer, Theodor W. Adorno, Otto Kirchheimer und, mit einem gewissen zunehmenden Abstand, Erich Fromm sowie in einer sehr widersprüchlichen Beziehung Walter Benjamin) zu verstehen, ohne sich den historischen, gesellschaftlichen und politischen Zusammenhang zu vergegenwärtigen, in dem sich die kritische Theorie entwickelte. Die zwanziger Jahre des zwanzigsten Jahrhunderts waren eine Epoche, in welcher der ‚alte Kontinent' zum letzten Mal den – bis heute andauernden – Ruf verdiente, ein für die Entfaltung der Kultur, und generell der verschiedenen Formen des Zusammenlebens, fruchtbarer Boden zu sein. Als Ausdruck dieser Zeit können folgende Beispiele genannt werden: die avantgardistische Malerei (nicht nur in den ersten Jahren der Sowjetunion); der Dadaismus; die modernen Theaterstücke (wie zum Beispiel das epische Theater), die Zwölftonmusik von Schönberg und Alban Berg und die sozialreformerischen Projekte (wie zum Beispiel *das rote Wien*, wo innerhalb weniger Monate in beispielloser Weise mehrere tausend Wohnungen für die österreichische Arbeiterklasse und untere Mittelklasse geschaffen wurden). In diesem Kontext der zwanziger Jahre entsteht die kritische Theorie der Frankfurter Schule.

Auf diese Jahre folgte das, was die kritische Theorie als „Zivilisationsbruch" begreift und der unvergesslich ist, ist er doch noch heute im alltäglichen Leben Europas sowie der Welt allgegenwärtig (obgleich der letztere Aspekt gemeinhin abgestritten wird). Mit diesem Bruch ist weder Hiroshima noch Nagasaki gemeint, auch nicht der Zweite Weltkrieg an sich, sondern das, was einer der wissenschaftlichen Erben der kritischen Theorie

---

[1] Anmerkung zur deutschen Ausgabe: Im Sommer 2012 verstarb in Frankfurt/Main Alfred Schmidt, der nicht nur durch die Herausgabe Horkheimers Gesammelter Schriften sich nicht mit dem Tod der kritischen Theorie abfinden wollte.

– wohl der bedeutendste – *Die Vernichtung der europäischen Juden*[2] nennt. Raul Hilberg (welcher der Bestimmung entfliehen konnte, die im vom nationalsozialistischen Deutschland besetzten Europa für ihn vorgesehen war) widmete sein ganzes Leben der Erforschung und Dokumentation dieses noch nie da gewesenen Prozesses eines lückenlos geplanten, organisierten und vollzogenen Massenmordes, bei dem die bahnbrechenden Entdeckungen der Wissenschaft und die neuesten industriellen Methoden zum Einsatz kamen. Davor und danach sollte es nie wieder perfektere und rationellere ‚Todesfabriken' im Sinne der „instrumentellen Vernunft" geben. Dieser Schlüsselbegriff der kritischen Theorie ist ohne die Kenntnis der Geschehnisse in Auschwitz, Treblinka, Majdanek, Sobibor, Bergen Belsen, Dachau, Mauthausen und in den anderen nationalsozialistischen Vernichtungs- und Konzentrationslagern nicht zu verstehen.

Weder dieser noch irgendein anderer Begriff der kritischen Theorie ist ohne eingehende – und nicht nur oberflächliche – Kenntnis des Prozesses zu verstehen, durch den Europa fast „judenfrei" wurde, wie es das typischste und wichtigste Wort der LTI (Lingua Tercii Imperii)[3] zum Ausdruck bringt.

Wenn ein Autor dieser theoretischen Strömung von einer „Philosophie, wie sie im Angesicht der Verzweiflung einzig noch zu verantworten ist"[4] spricht, meint er nicht die „Verzweiflung" im allgemeinen, oder eine Welt *ohne große Projekte*; eine Welt, in der die Mittelschicht zur Langeweile neigt (bis die Krise sie von der Langeweile erlöst). Er bezieht sich auf etwas, das viel radikaler, tief greifender, man könnte sagen, existentieller ist. Er bezieht sich auf die Verzweiflung, die eine nicht nur oberflächliche Kenntnis der genannten beispiellosen geschichtlichen Tatsache – der Shoah[5] – bei jedem nicht gänzlich zynischen Menschen hervorruft

---

2 Raul Hilberg, *Die Vernichtung der europäischen Juden,* durchgesehene und erweiterte Auflage, Frankfurt am Main, S.Fischer, 1999, 3 Bde. Originalausgabe: *The Destruction of the European Jews*, durchgesehene und endgültige Auflage, 3 Bde, New York, Holmes & Meier, 1985.
3 Victor Klemperer, *LTI. Die unbewältigte Sprache*, München, Deutscher Taschenbuch-Verlag, 1969.
4 Theodor W. Adorno, *Minima Moralia. Reflexionen aus dem beschädigten Leben,* Frankfurt am Main, Suhrkamp, 2003, S. 283.
5 Siehe dazu das beste filmische Werk zu diesem Thema von Claude Lanzmann: *Shoah*, ein neunstündiger Film, der keiner Schauspieler und keines Archivmaterials

und umso mehr bei denen, die der ‚Bestimmung' knapp entronnen waren, die die nationalsozialistische Volksbewegung für sie vorgesehen hatte. Hätte die Geschichte „ihren logischen Gang" genommen, wäre die gesamte kritische Theorie in den Gaskammern zugrunde gegangen, wie Horkheimer später anmerkte.

Aber die Verzweiflung ist nicht allein diejenige des Überlebenden, der immer Familienangehörige und Freunde hat, die dem „logischen Gang" der Geschichte nicht entrinnen konnten, vielmehr ist es auch eine Verzweiflung auf begrifflich-theoretischer Ebene. Genau hier liegt der einschneidende Bruch der kritischen Theorie mit der klassischen Linken, der Arbeiterbewegung und dem traditionellen Marxismus, vor allem mit dem dogmatischen Marxismus sowjetischer Couleur, der zur Zeit dieser Schule immer rigider und stalinistischer wurde. Es ist der Bruch mit dem festen Glauben an die fortschrittlich-revolutionäre Rolle des Proletariats und an die lineare Geschichte der kapitalistischen Produktionsweise. Mehr noch: es ist der Bruch mit einem wesentlichen Punkt des von Karl Marx entwickelten Verständnisses der modernen Welt.

Dieser aus einer jüdischen Familie stammende deutsche Exilierte ist oft kritisiert worden, doch seltsamerweise wird eine seiner gravierendsten und weitest reichenden Fehlinterpretationen in den hunderten oder tausenden von Texten seiner Kritiker so gut wie nie erwähnt. Es ist an diesem Punkt, an dem die kritische Theorie sich am deutlichsten von dem Gründer des *wissenschaftlichen Sozialismus* distanziert: bei diesem Marxschen Mangel geht es *nicht* um das, was uns heutzutage glauben gemacht werden soll, das heißt, dass er die ‚ersprießlichen' Aspekte der kapitalistischen Produktionsweise nicht erkannt hätte, sondern es geht um das genaue Gegenteil: seine Naivität bezüglich oder, besser gesagt, seine Unkenntnis des Ausmaßes an Grausamkeit, zu dem diese Produktionsweise in einer Gesellschaft führen kann, in der sie zur Anwendung kommt. Marx sieht – zum großen Teil bedingt durch die historische Situation, in der er schreibt – vor allem die *Ausbeutung* als Grund für das extreme menschliche Leid, das diese Gesellschaftsformation zeitigt. Sehr geringe

---

bedarf, sondern ein Kunstwerk ist, das auf Interviews mit zurückgekehrten Juden und ehemaligen Aufsehern der nationalsozialistischen Vernichtungslager beruht.

Aufmerksamkeit widmet er dagegen dem *nicht* direkt von der kapitalistischen ökonomischen Logik hervorgerufenen menschlichen Leid, das in einigen Fällen sogar entgegen dieser Logik entsteht, jedoch als Ergebnis der *Sozial-* oder *Massenpsychologie*, die mit dieser Produktionsweise einhergeht.

Trotz seiner kritischen Anmerkungen über den *Fetischcharakter der Ware und sein Geheimnis*[6], seiner *Thesen über Feuerbach*[7], und anderer Texte über die *Verdinglichung* und *Entfremdung*, auf denen[8] die von der kritischen Theorie entwickelte *Ideologiekritik* beruht, mit der sie versucht, Erklärungen für den genannten „Zivilisationsbruch" zu geben, konnte Marx dies noch nicht absehen: es lag jenseits seines Vorstellungsvermögens, denn in seinem Zeitalter war (zumindest in Europa) der Einsatz der *Maschinerie an sich*[9] gegen die Interessen der Menschheit ein unbeschriebenes Blatt, nicht weil sie eine *kapitalistisch angewandte Maschinerie* ist, sondern weil sie als Todesfabrik noch zerstörender wirkt.[10] Für Marx

---

6 Siehe Karl Marx, *Das Kapital. Kritik der politischen Ökonomie. Erster Band. Buch I: Der Produktionsprozeß des Kapital*s. Nach der vierten, von Friedrich Engels durchgesehenen und herausgegebenen Auflage (Hamburg 1890): Karl Marx, Friedrich Engels, *Werke*, Band 23, Berlin (DDR): Dietz, 1975, S. 85 ff.

7 Karl Marx, „Thesen über Feuerbach". In: Karl Marx, Friedrich Engels, *Werke*, Band 3, Berlin (DDR): Dietz, 1962. S. 5-7.

8 Die kritische Theorie greift diese marxistischen Ideen zum Teil auf über den Text von Georg [György] Lukács, *Geschichte und Klassenbewusstsein. Studien über marxistische Dialektik.* (Erste Auflage: Berlin 1923) 8. Auflage Darmstadt und Neuwied: Luchterhand, 1983. Kapitel: „Die Verdinglichung und das Bewusstsein des Proletariats.")

9 Siehe Karl Marx, *Das Kapital. Erstes Buch*, a.a.O., Dreizehntes Kapitel.

10 Siehe dazu die Untersuchung von Raul Hilberg oder auch das Hauptwerk seines akademischen Lehrers Franz Neumann, in dem sehr detailliert nachgewiesen wird, wie die Nationalsozialisten in vielen Fällen die kapitalistische und auch die militärische Logik missachteten, um ihr zentrales Projekt so schnell wie möglich zu verwirklichen: den Genozid an den europäischen Juden, Roma und Sinti. (Franz Neumann: *Behemoth. Struktur und Praxis des Nationalsozialismus*, Frankfurt am Main, Fischer, 1988. Originalausgabe: *Behemoth. The Structure and Practice of National Socialism*, 2. Aufl., erweitert um einen Anhang zu den Jahren 1941-1943, New York, Octagon Books, 1943.)
Ein Beispiel ist die nationalsozialistische Politik hinsichtlich des Einsatzes der Züge: Als der Krieg schon fast verloren war, verlangte das Oberkommando der Wehrmacht

war es undenkbar, dass die deutschen Großkapitalisten in dem Augenblick, in dem sie ‚ihre' Produktionsweise von einer starken kommunistischen und sozialistischen Arbeiterbewegung bedroht sahen, den Weg der allgemeinen Vernichtung einschlagen würden, indem sie sich mit einer äußerst antibürgerlichen und, auf den ersten Blick, antikapitalistischen Bewegung verbündeten und diese finanzierten.

Marx stellte sich den ‚Tod' des Kapitalismus viel leichter – zu leicht – vor. Er konnte nicht wissen, dass diese Reproduktionsweise sich in ihrer Agonie für einen absoluten Irrationalismus in Verbindung mit einer hoch entwickelten instrumentellen Vernunft entscheiden würde, um sich als gesellschaftliches und ökonomisches Projekt zu retten. Noch weniger konnte er sich vorstellen, in welchem Maße ein beträchtlicher Teil des deutschen und europäischen Proletariats teilnehmen würde an dieser Selbstzerstörung des Projekts der Aufklärung, einer Gesellschaft, in der die Prinzipien ‚liberté, égalité, fraternité' walten.

(Hier sei Spanien als die große Ausnahme genannt, wo sich die Linke, zusammen mit einem Teil des fortschrittlichen Bürgertums, dem Projekt der franquistischen extremen Rechten bewaffnet entgegenstellte und dabei zum letzten Mal, teils erfolgreich, zur Verwirklichung der alten Idee des proletarischen Internationalismus aufrief.)[11]

---

    mehr Züge für militärische Zwecke. Dieses Gesuch wurde abgelehnt, da ein Großteil der Züge für den Transport von Juden, Roma und Sinti aus ganz Europa in die Vernichtungslager benötigt wurde, die sich hauptsächlich auf dem besetzten polnischen Staatsgebiet befanden. Auch im Hinblick auf die kapitalistische Verwertung machten die Vernichtungslager keinen Sinn, sondern nur im Sinne des bereits erwähnten Hauptvorhabens des Nationalsozialismus.

11 Auch in den Niederlanden kam es zu bedeutenden Widerstandsaktionen gegen die Nationalsozialisten. Als Beispiel sei der Generalstreik in Amsterdam gegen die Deportationen der Juden aus dieser Stadt genannt – eine einmalige Tat. Siehe auch den Fall Dänemark. In Bezug auf Osteuropa ist der massive Widerstand in Polen, der Sowjetunion und Jugoslawien zu nennen. Aufgrund der starken Präsenz von Partisanen, gelang es den Truppen des nationalsozialistischen Deutschlands und des faschistischen Italiens trotz der Besetzung niemals, in rund ein Drittel des Landes einzumarschieren. Dies wurde dem Land nie verziehen, wie wahrnehmbar ist angesichts der erfolgreichen Bemühungen der deutschen Regierung, die Desintegration und schließlich die Zerstörung dieses multinationalen Staates zu unterstützen.

Marx war sich der möglichen ‚Geburtswehen' bewusst, die der Übergang von der kapitalistischen zu einer postkapitalistischen (sozialistischen oder kommunistischen, wie er gesagt hätte) Produktionsweise mit sich bringen könnte, und um diese Wehen abzukürzen schrieb er *Das Kapital*, wie es im Vorwort zur ersten Auflage heißt. Es wäre ihm jedoch niemals in den Sinn gekommen, dass diese Produktionsweise in ihrem Überlebenskampf die zwei größten Kriege in der Geschichte und den in der jüngsten Geschichte umfassendsten und schnellsten Völkermord herbeiführen würde, in den ein großer Teil der (hoch) Ausgebeuteten und nahezu alle Staaten der Welt verstrickt wurden.[12]

Aus diesem Zusammenhang lässt sich erklären, warum die kritische Theorie der Frankfurter Schule immer Gegenstand zweier, äußerst unterschiedlicher bis widersprüchlicher Arten von Kritiken und Ablehnung war.

Die dogmatische Linke bezichtigte, und bezichtigt sie noch heute, verwässert und verbürgerlicht zu sein. Diese Linke bezeichnet sie als ‚Marxologen', da ihre (nicht unkritischen) Bezüge auf Marx nicht in einer Verherrlichung der real existierenden Bewegungen der (dogmatischen) Linken münden, besonders in Hinblick auf die der Länder des heute verschwundenen ‚realen Sozialismus'.

Für die Rechte und die Konservativen war die kritische Theorie schon immer ‚marxistisch', das heißt, aus ihrer Sicht gleichbedeutend mit der Befürwortung des so genannten realen Sozialismus.[13] Obgleich diese Auffassung unhaltbar ist, da sie nicht einmal, die grundlegenden Unterschiede zwischen dem dogmatisch geprägten sowjetischen Marxismus und der kritischen Theorie der Gesellschaft der Frankfurter Schule be-

---

12 Hierzu eine Anmerkung: Zum Ende des Zweiten Weltkriegs, als die Todesfabriken am ‚produktivsten' arbeiteten, gab es – im Sommer 1944 – Tage, an denen allein in Auschwitz täglich zwanzigtausend Menschen in den Gaskammern getötet wurden – alle (!) Länder der Welt hatten bereits ihre Grenzen für jüdische Flüchtlinge komplett geschlossen und wurden somit zu Komplizen des nationalsozialistischen Deutschlands. Allein im Jahr 1939 wurde, laut Héctor Aguilar Camín, 104 Juden die Einreise nach Mexiko verwehrt (Héctor Aguilar Camín, *La frontera nómada. Sonora y la revolución mexicana*, México, Siglo XXI, 1979.).

13 Eine weitere Anmerkung: Zur Zeit der Roten Armee Fraktion in den siebziger und achtziger Jahren des XX. Jahrhunderts wurde den Mitgliedern dieser Schule vorgeworfen, die ‚geistigen Urheber' dieser bewaffneten Organisation zu sein.

greift, erkennt sie intuitiv doch etwas Zutreffendes. Indem die Rechte diese Schule zuweilen stärker ablehnte als den Sowjetmarxismus (der zumindest eine Theorie der Macht und ihrer Verteidigung darstellte und somit für die konservativen und rechtslastigen Theorien verständlicher war), ahnten sie bereits, dass die kritische Theorie in gewissem Sinne in ihrer Kritik der bestehenden Gesellschaft radikaler war als Marx selbst – und um einiges radikaler als der orthodoxe Marxismus.

In Mexiko ist eine ganz spezielle Präsenz der von der kritischen Theorie der Frankfurter Schule begründeten theoretischen Strömung zu beobachten, die auf zweierlei Weisen zum Ausdruck kommt.[14] Zum einen gibt es die allgemein unbekannte Nähe zwischen der kritischen Theorie und dieser lateinamerikanischen Nation, die seit der mexikanischen Revolution in einer antifaschistischen Tradition steht und offen gegenüber linke Bewegungen anderer Länder ist. Eines der wichtigsten Bücher dieser philosophisch-sozialtheoretischen Linie, *Behemoth* von Franz Neumann[15] – bis heute eines der Schlüsselwerke zum Verständnis des Nationalsozialismus –, wurde in Mexiko bereits wenige Monate nach der Veröffentlichung des englischsprachigen Originals in spanischer Übersetzung im Verlag *Fondo de Cultura Económica* publiziert. Zum anderen lebte Erich Fromm eine Zeitlang in Mexiko und arbeitete an Studien über die mexikanischen Campesinos;[16] Herbert Marcuse kam 1968 nach Mexiko, um im Rahmen der Studentenbewegung Vorträge zu halten.

---

14 Diese Präsenz ist nicht *trotz* der offenkundigen Unterschiede dieses Landes zu Deutschland und den Vereinigten Staaten – die beiden Länder auf die sich die kritische Theorie am häufigsten kritisch bezieht –, sondern gerade *aufgrund* dieser Unterschiede möglich. Wir beziehen uns jedoch nicht auf die Unterschiede, die ins Auge fallen, wenn wir uns von der ideologischen Aufteilung der Welt nach Ordnungszahlen leiten lassen, sondern vielmehr auf anders geartete Unterschiede. Mexiko ist noch nicht, entgegen aller Bemühungen dem entgegenzuwirken, irgendein x-beliebiges *armes* Land. Es hat eine ganz besondere Geschichte und spezifische Alltagskultur, die es – mehr als irgendein anderes lateinamerikanisches (und wahrscheinlich amerikanisches) Land – von dem faschistischen Projekt der dreißiger und vierziger Jahre und von dem Projekt des autoritären Antikommunismus der fünfziger bis siebziger Jahre des zwanzigsten Jahrhunderts fern hielten.
15 Franz Neumann, *Behemoth. Struktur und Praxis des Nationalsozialismus*, a.a.O.
16 Erich Fromm and Michael Maccoby, *Social Character in a Mexican Village,* New Jersey, Transaction Publishers, 1970, Nachdruck 1996.

Zugleich tendiert aber die Rezeption der Texte dieser theoretischen Schule hier oftmals zu einer der beiden oben beschriebenen Lesarten. Die Tatsache, dass die Kritik am dogmatischen Marxismus im lateinamerikanischen Subkontinent später als in Westeuropa einsetzte (als wichtige Ausnahme sei Adolfo Sánchez Vázquez genannt, der ausgehend von seiner *Filosofía de la praxis*[17] inspirierende Beiträge zu einem nicht dogmatischen Marxismus verfasst hat), könnte ein Grund für die genannte Lesart der kritischen Theorie sein, die oft auf die als ‚eine weitere Strömung des bürgerlichen Pessimismus' hinauslief. Das späte Aufkommen eines nicht dogmatischen Marxismus in Lateinamerika, machte es den konservativen Denkern leichter, jeglichen kritischen Marxismus mit dem dogmatischen Marxismus zu verwechseln.

Diesbezüglich ist für Mexiko ein weiterer Aspekt zu erwähnen, der bei den verschiedenen Interpretationen der Texte von den Autoren dieser Schule eine Rolle spielt. Hier sei an die Tendenz erinnert, die kritische Theorie aus ihrem Kontext zu reißen, die historische, politische und gesellschaftliche Situation, auf die am Anfang dieses Kapitels kurz eingegangen wurde, zu vergessen oder zu ignorieren, was zur Ontologisierung und Teleologisierung ihrer Verzweiflungen und letzten Hoffnungen führte, die direkt mit derjenigen Realität verknüpft waren, welche die Existenz und so fruchtbare Entwicklung dieser Schule ermöglicht hatte.

Des weiteren ist – bisweilen bei ein und demselben Autor – die Neigung zu beobachten, die kritische Theorie der Frankfurter Schule zu ‚überkontextualisieren' und damit zum Beispiel die Bedeutung ihre Ansätze zur Erklärung des Antisemitismus zu unterschätzen und zu suggerieren, dies sei ein ‚typisch deutsches oder europäisches Phänomen', das für Mexiko weitgehend irrelevant sei.[18]

---

17 Adolfo Sánchez Vázquez, *Filosofía de la praxis*, México, Grijalbo, 1967, Reihe Ciencias económicas y sociales (Version der Dissertation *Sobre la praxis*, die im Jahr 1966 an der Facultad de Filosofía y Letras der Universidad Nacional Autónoma de México vorgelegt wurde). Neue durchgesehene und erweiterte Auflage, México, Grijalbo, 1980, Reihe Teoría y praxis, Nr. 55 und Barcelona, Crítica, 1980; 5. Aufl., México, Grijalbo, 1991. Reihe Tratados y manuales. Endgültige, vom Autor durchgesehene und erweiterte Auflage, México, Siglo XXI Editores, 2003.
18 Letztendlich haben beide Interpretationsweisen, die auf den ersten Blick widersprüchlich erscheinen, etwas gemein: auf politisch-gesellschaftlicher Ebene die Unter-

Zum Abschluss dieser kurzen Betrachtung einiger problematischer Aspekte gewisser Interpretationen der kritischen Theorie, soll noch auf einen letzten Aspekt eingegangen werden: die „Negativität". In einem Text über diese Schule, der ihren kritischen Abstand zu den verschiedenen existierenden Mächten missbilligt, steht: „Die Negativität kapituliert vor der Notwendigkeit, indem sie die Möglichkeit einer Veränderung herausschiebt oder annulliert; oder aber zeitigt die Negativität keine Transformation und eröffnet somit eine neue Möglichkeit."[19]

Diese, von einem konservativen Autor vorgebrachte, Kritik an der kritischen Theorie der Frankfurter Schule ähnelt weitgehend der Auffassung der dogmatischen Marxisten. Auch für sie muss jede ‚seriöse' Gesellschaftstheorie notwendigerweise an ein Machtprojekt gebunden sein – was vor dem Fall der Berliner Mauer hieß, sich dem kapitalistischen Block oder dem Block des so genannten realen Sozialismus anzuschliessen. Aber genau dies wollten die Autoren der kritischen Theorie *nicht* und die Brisanz ihrer theoretischen Beiträge beruht, unter anderem, auf diesem Aspekt. Das soll nicht heißen, dass sie nach ‚Neutralität' strebten. Die kritische Theorie bezog eine klare Position, oder zumindest versuchte sie es. Eine Position, die sich offen gegen die Unterdrückung und Ausbeutung des Menschen durch den Menschen aussprach, eine Position, die sich der Irrationalität widersetzte, der die Aufklärung anheim gefallen war, indem sie sich der hoch entwickelten „instrumentellen Vernunft"[20] bediente. Es war die Position, die sich gegen jene Theorien und Positionen wandte, die das Unterdrückerische, das Beherrschende und die Ten-

---

schätzung der heutigen Gefahr des Antisemitismus *weltweit* und auf philosophischer Ebene die Verharmlosung des komplexen Zusammenhangs von gesellschaftlich-historischer Wirklichkeit und den höchsten philosophischen und gesellschaftswissenschaftlichen Begriffen, oder anders gesagt, des tiefgreifenden (das heißt, unbestreitbaren und zugleich oft dunklen) Zusammenhangs von Theorie und Praxis.

19 Jaime Hernández Delgado, „El pensamiento fluctuante de Theodor Adorno", in *Ergo. Revista de Filosofía*, Universidad Veracruzana, Xalapa, Veracruz, September 1995, S. 51-65.
20 Vgl.: Max Horkheimer, *Zur Kritik der instrumentellen Vernunft*, in: Max Horkheimer, *Gesammelte Schriften*, hrsg. von Alfred Schmidt und Gunzelin Schmid Noerr, Band 6: >*Zur Kritik der instrumentellen Vernunft*< und >*Notizen 1949-1969*<, Frankfurt am Main: Fischer, 1991, S. 21-186.

denz andere auszubeuten für ‚naturgegeben' hielten, für etwas, das auf eine biologische Veranlagung der Menschen zurückzuführen sei. Es war die Position, die *alles*, was in unseren heutigen Gesellschaften abzulehnen ist, als etwas Historisches und Gesellschaftliches begreift, das heißt, vom Menschen gemacht, was in letzter Instanz bedeutet: vom Menschen überwindbar. Horkheimer und Adorno konnten indes keine politische Kraft ausmachen, die imstande gewesen wäre, diese aktuelle Situation zu überwinden; alle politischen Projekte ihrer Zeit mit einer gewissen Einflusskraft waren weit davon entfernt, in dieser Hinsicht etwas Grundlegendes beizusteuern: der Nationalsozialismus, der Faschismus, der demokratische Kapitalismus, der Stalinismus, die Sozialdemokratie.

Abgesehen von dieser realen Situation, war ihnen durchaus klar, dass die Theorie nur in der Lage ist, die Wirklichkeit zu analysieren und damit zugleich zu kritisieren (wie es Karl Marx einmal formulierte). In der Sicht der Autoren der kritischen Theorie kann die Theorie weder Aussagen über die Zukunft noch über die konkreten Möglichkeiten gesellschaftlicher Veränderungen machen, denn dies wären nur Prophezeiungen (die praktizistische Position steht in dieser Hinsicht dem ‚Messianismus' viel näher, als diese Schule, der dies hin und wieder vorgeworfen wird). Die Theorie kann nur die Fehler benennen, die *nicht* wiederholt werden dürfen, was, bei Lichte betrachtet, bei weitem das übertrifft, was die meisten der Gesellschaftstheorien geleistet haben, welche die Menschheit bis heute die Ehre hatte kennen zu lernen.

Wenn die Autoren der Frankfurter Schule eine *kritische Theorie* entwickeln, so heißt dies nicht, dass sie die Kritik oder die Negativität als eine unverrückbare Haltung oder eine Position ‚außerhalb' der bestehenden Realität einnehmen, sondern sie verstehen sie lediglich als eine selbst auferlegte Einschränkung, mehr nicht. Sie *beschränken* sich auf die kritische Analyse, wohl wissend, dass diese selbst durch die der Dialektik der Aufklärung inhärenten Widersprüche beschränkt ist. Wenn sie die Bedeutung der Negation hervorheben, liegt dies allein an der Einsicht, dass die objektive – nicht die instrumentelle – Vernunft *nichts* Anderes leisten kann. Sie wissen, dass das einzige, was wir wissenschaftlich über eine bessere Zukunft sagen können, auf dem Verständnis der Fehler der Vergangenheit beruht. Die „Negativität" ist aus diesem Grund *keine* neue Religion, wie einige Interpretationen dieser Schule mutmaßen, sondern eine Utopie, die ohne Selbsttäuschung existieren will, das heißt, ohne jegliche Prophezeiung.

Die klassische Formulierung einer solcher Art verstandenen negativen Utopie, die ausschließlich von der reflektierten Erfahrung der vorausgegangenen Fehlschläge ausgeht, und von sonst gar nichts, könnte eine Idee davon abgeben, worum es sich bei diese einzigartigen Kombination handelt: diejenige aus einer nüchternen Analyse des Geschehen mit der Fähigkeit, nicht dem – heute in Mode gekommenen – Zynismus[21] zu verfallen.

‚Ohne Angst zu leben' könnte für Adorno die Maxime einer postkapitalistischen Gesellschaft sein; eine Maxime, die auf den ersten Blick sehr genügsam, sogar banal wirkt, an der aber, im Vergleich zu den theoretischen und politischen Projekten der dogmatischen und reformistischen Linken, die Radikalität dieser *negativen Utopie* sichtbar wird.

Eine methodologische Folge dieses zentralen Begriffs der kritischen Theorie ist das Vorgehen, den Schwerpunkt der Analyse auf die dunkelsten Aspekte der gegenwärtigen Gesellschaft zu legen. Nicht nur, um sie besser zu verstehen, sondern auch um die Schlüsselaspekte des negativen Bildes der postkapitalistischen Gesellschaft zu erkennen. Dieses negative Bild enthält lediglich die abstossendsten Aspekte der heutigen Gesellschaft, als Indiz für das, was sich unter keinen Umständen wiederholen oder andauern darf. Der Antisemitismus ist in diesem Sinne eines der deutlichsten *negativen* Zeichen auf dem Weg zu einer weniger repressiven und ausbeuterischen Gesellschaft. Die Tatsache, dass sich in den aktuellen Abhandlungen über die kritische Theorie nur sehr wenige Autoren auf die Antisemitismusanalyse beziehen, die von den Mitgliedern dieser einzigartigen Gruppe von Gesellschaftswissenschaftlern verfasst wurde, belegt aufs Neue wie unwiderruflich der Tod dieser Schule ist. Die gewissenhafte Untersuchung der gesellschaftlichen Strukturen, der zivilisatorischen Muster und der sozialpsychologischen Dynamiken, die den Anti-

---

21 Wir benutzen den Begriff „Zynismus" beziehungsweise „zynisch" hier so wie er heute im alltäglichen Sprachgebrauch verwendet wird und nicht in dem Sinne, der ihm in der Philosophiegeschichte zukommt. Siehe zu dieser Unterscheidung zum Beispiel: Bolívar Echeverría, „Postmodernidad y cinismo", in Bolívar Echeverría, *Las ilusiones de la modernidad*, México, D.F., Universidad Nacional Autónoma de México/El Equilibrista, 1995, S. 39-54.

semitismus den Weg ebnen und die Vernichtung der europäischen Juden ermöglichten, ist daher eine der wesentlichen Voraussetzungen, um überhaupt an eine freiere Form zu leben denken zu können. Weder das Eine noch das Andere interessiert aber die meisten derjenigen Wissenschaftler, die sich heute zu den authentischen Erben der kritischen Theorie erklären, ob in Frankfurt, sonst wo Deutschland, oder wo immer sie sich dazu per *territorialem Privilegium* berechtigt fühlen.

Genau an diesem Punkt ist zum Zentrum des Denkens der kritischen Theorie zurückzukehren, die mit ihrer ausgeprägten Fähigkeit bis in die dunkelsten Winkel des menschlichen Bewusstseins und Unbewusstseins vorzudringen, zum ersten Mal in der Geistesgeschichte, die marxistische Analyse mit der Psychoanalyse und den Klassikern der Kritik der Aufklärung (Nietzsche und de Sade) konfrontiert. Ausgehend von dieser Gegenüberstellung versucht die kritische Theorie, die erwähnten Einschränkungen *des Klassikers* der wissenschaftlichen Kritik der bürgerlichen Gesellschaft zu überwinden. Dazu konzentriert sie sich auf das, was Marx den ‚Überbau' nannte und was, der aktuellen Begrifflichkeit folgend, als ‚politische Kultur' bezeichnet werden könnte. Diese Wissenschaftler widmeten sich in erster Linie der Analyse der irreführenden, dunklen und falschen Aspekte der politischen Kultur, das heißt der Ideologie oder, mit den Worten von Marx, des notwendig falschen Bewusstseins – notwendig falsch, weil die wesentlichsten Aspekte der Ideologien nicht auf Propaganda, Falschinformation oder einfach auf intellektuelle Einschränkungen der Subjekte zurückzuführen sind, sondern vielmehr auf die Undurchschaubarkeit, Falschheit und den antagonistischen Charakter der objektiv bestehenden gesellschaftlichen Verhältnisse –.

Antisemitismusanalyse und Erkenntniskritik bei Horkheimer und Adorno

Ein grundlegendes Beispiel für eine von der kritischen Theorie entwickelte Kritik an einer heute herrschenden Ideologie ist ihre Analyse des Antisemitismus, einer Ideologie von globaler Reichweite, seit sich das historische bürgerlich-kapitalistisch-christliche Projekt im Zuge der Kolonisierung weltweit verbreitet hatte. Diese Analysen offenbaren, dass der Antisemitismus, trotz des ersten Eindrucks, keine Pervertierung der Ideale und des Projektes der Aufklärung im allgemeinen ist, sondern vielmehr seine *logische* Folge. Er widerspricht dem Ideal der *liberté*, spiegelt indes zugleich auf eigene Art und Weise das Ideal der *égalité* wider, das aus der Perspektive der angeblichen Gleichheit aller Menschen eine als Minderheit wahrgenommene Gruppe in letzter Instanz nicht tolerieren kann, was schlussendlich mit einer gewissen Kongruenz in der nationalsozialistischen *Volksgemeinschaft* endete. Diese *Volksgemeinschaft* ist unter den bestehenden Produktionsverhältnissen die bedeutendste Art und Weise, das dritte der alten bürgerlichen Ideale zu feiern: die *fraternité*.

Horkheimer und Adorno formulieren hierzu die erste ihrer sieben Thesen zum Antisemitismus:

> Die Harmonie der Gesellschaft, zu der die liberalen Juden sich bekannten, mussten sie zuletzt als die der Volksgemeinschaft an sich selbst erfahren. Sie meinten, der Antisemitismus erst entstelle die Ordnung, die doch in Wahrheit ohne Entstellung der Menschen nicht leben kann. Die Verfolgung der Juden, wie Verfolgung überhaupt, ist von solcher Ordnung nicht zu trennen.[22]

Die von der kritischen Theorie verfasste Antisemitismusanalyse ist in erster Line die Erklärung eines historischen Ereignisses: die Vernichtung der europäischen Juden, die das Schlüsselprojekt des Nationalsozialismus war, aber zugleich ist sie eine allgemeine Theorie der Herrschaft, der Unterdrückung, vor allem, wenn auch nicht ausschließlich, bezogen auf die Gesellschaften des Spätkapitalismus. Dies kommt bereits in dem vorstehenden Zitat zum Ausdruck sowie in all ihren Studien zum Antisemitismus und Nationalsozialismus, die sie, im Gegensatz zur vorherrschenden Meinung, nicht als ‚Betriebsunfälle der Geschichte' auffassen, sondern als Verwirklichung des „logischen Verlaufs" der Weltgeschichte,

---

22 Theodor W. Adorno und Max Horkheimer, „Elemente des Antisemitismus", Kapitel von: *Dialektik der Aufklärung. Philosophische Fragmente*, in: Max Horkheimer, *Gesammelte Schriften*, hrsg. von Alfred Schmidt und Gunzelin Schmid Noerr, Band 5: *›Dialektik der Aufklärung‹ und Schriften 1940-1950*, hrsg. von Gunzelin Schmid Noerr, Frankfurt am Main: Fischer, 1987, S. 11-290, hier: S. 197-238.

mit dem zu brechen ist, um das Ziel einer wirklich menschlichen Gesellschaft zu erreichen.[23]

In ihren „Elementen des Antisemitismus" entwickeln Max Horkheimer und Theodor W. Adorno verschiedene Ansätze, um die Wurzeln dieser archetypischen Ideologie der modernen Gesellschaften zu analysieren. Ihr Text ist in sieben Thesen gegliedert, von denen jede das Unfassbare und Unvorstellbare, was sich in Auschwitz, Treblinka, Sobibor, Majdanek, Kulmhof, Bergen Belsen, Dachau, Sachsenhausen, Buchenwald, Mauthausen und in den anderen nationalsozialistischen Vernichtungs- und Konzentrationslagern ereignet hatte, auf unterschiedliche Art und Weise begreift. Der Antisemitismus ist das Ergebnis des Widerspruchs zwischen dem Besonderen und dem Allgemeinen, in dem die Juden in den aufgeklärten, modernen Gesellschaften stehen (These I)[24]. Sie sind Gegenstand des Hasses auf „das Glück ohne Macht", welches für die von dem bürgerlich-kapitalistischen Projekt Betrogenen „unerträglich" ist, „weil es überhaupt erst Glück wäre" (These II)[25]. Ausgehend von ihrer Tätigkeit als Kleinhändler und Geldverleiher, die sie infolge der *christlichen* Gesetze ausübten, als der Kapitalismus in verschiedenen Gesellschaften Osteuropas aufkam, wird ihnen die Rolle des Sündenbocks zugewiesen, der, stellvertretend für die Kapitalistenklasse insgesamt (der überwiegend Christen angehören), für alle Grausamkeiten verantwortlich gemacht wird, die dieses sozioökonomische System mit sich bringt. Diese Projektion der Verantwortung der gesamten Kapitalistenklasse auf eine Minorität ihrer Mitglieder, die in erster Linie in der Zirkulationssphäre arbeitet, ist durch das falsche Bewusstsein bedingt, das notwendigerweise in der kapitalistischen Produktionsweise entsteht (These III).[26]

---

23 Siehe hierzu einen der bekanntesten Sätze von Max Horkheimer: „Solang die Weltgeschichte ihren logischen Gang geht, erfüllt sie ihre menschliche Bestimmung nicht." (Max Horkheimer, „Autoritärer Staat", in: ders., *Gesammelte Schriften*, Band 5, a.a.O. S. 293-319, hier: S. 319.)
24 Theodor W. Adorno und Max Horkheimer, „Elemente des Antisemitismus", a.a.O. S. 197-199.
25 Ebd. S. 202.
26 „Die Verantwortlichkeit der Zirkulationssphäre für die Ausbeutung ist gesellschaftlich notwendiger Schein." (Ebd. S. 204.)

Die tiefste historische Wurzel des Antisemitismus findet sich im Christentum, das gegenwärtig auf religiöser Ebene an Einfluss verliert, aber auf pseudorationalisierte Art und Weise in vielen ‚Werten', Einstellungen und Strukturen der modernen und aufgeklärten Gesellschaften fortlebt. Diese pseudorationalisierten Reste des Christentums können sogar noch gefährlicher sein als das Christentum selbst, denn eine Religion kann neben sich noch die Existenz anderer Glaubensformen dulden (obgleich das Christentum zum Integralismus neigt), aber die in eine aufgeklärte Denkweise importierten religiösen Irrationalismen können keine Abweichung mehr tolerieren: es gibt nur die eine aufgeklärte Wahrheit und sonst keine. Die religiöse oder pseudorationalisierte Ablehnung anderer Religionen durch das Christentum konzentriert sich nicht zufällig auf die Juden. Es ist der religiöse Vaterhass, der Ödipuskomplex, den das Christentum mit seinem eigenen historischen Ursprung verbindet: der jüdischen Religion. Aus diesem Grund sind die Juden von dem Augenblick an, in dem das Christentum zur offiziellen Religion des Römischen Reiches erklärt wird, die am härtesten vom Christentum verfolgten Nichtchristen. So wie der Sohn seinen Vater töten möchte, um sich als autonomes Subjekt zu behaupten, trachtet das Christentum danach, seine Vaterreligion zu zerstören, um sich als eigenständige Religion zu behaupten, und um nicht länger eine jüdische Sekte zu sein, wie es dies in seiner ersten Phase war (These IV).[27]

Der *historische Fortschritt* im technischen und kulturellen Sinne, der in fast allen Gesellschaftstheorien, ob konservativer oder linker Tendenz, als notwendig und von Anfang an der Menschheit zuträglicher aufgefasst wird, ist eine weitere Wurzel des Antisemitismus. Die Zivilisation besteht im wesentlichen aus einer immer größer werdenden Summe von Verboten, die den Menschen in Bezug auf ihre körperlichen Begehren auferlegt werden. Zugleich, und trotz aller technischen Fortschritte, bleibt den Menschen eine tiefsitzende Furcht vor der Natur und überhaupt vor allem Unbekannten. Statt die technischen Errungenschaften zu nutzen, um eine emanzipiertere Lebensweise zu schaffen, versuchen sie fälschlicherweise die Angst vor dem Unbekannten und der Natur zu überwinden, indem sie

---

27 Ebd. S. 205-209.

diese ausgrenzen, unterdrücken oder gar zerstören. Darin wurzelt die wachsende Zerstörung der äußeren Natur und die zunehmende Unterdrückung der inneren Natur, wie sie zum Beispiel in einer vollends formalisierten und kontrollierten Sexualität zum Ausdruck kommt, oder auch in der immer schlechter und minderwertiger werdenden Nahrung, die in den meisten der angeblich hoch entwickelten Ländern verzehrt wird (und das vorzugsweise in höchstens fünfzehn bis dreißig Minuten).

In diesem repressiven Zusammenhang wächst ein generalisierter Neid auf all diejenigen, die weniger unterdrückt, freier in ihrem Handeln und in der Verwirklichung ihrer körperlichen Wünsche zu sein scheinen. Ob diese Individuen wirklich freier sind, ist dabei nebensächlich. Maßgeblich ist nur, dass sie sich in gewissen Aspekten von der ‚Normalität' unterscheiden und damit den Verdacht erregen, mehr Freiheiten zu haben, als jene, die der Mehrheit der Bevölkerung zugestanden werden, die, da sie sich nicht zu befreien vermag, die anderen zumindest genauso unterdrückt sehen will. Gegenwärtig geschieht dies zum Beispiel vielen Mexikanern oder Chicanos* in den Vereinigten Staaten, wenn ihnen Faulheit vorgeworfen wird (das heißt, angeblich das Leben *zu sehr* zu genießen) und es geschah und geschieht in vielen Ländern der Welt den Juden. Die unterdrückten Wünsche, die alle haben, scheinen geschwind ein typisches Merkmal einer bestimmten gesellschaftlichen Gruppe zu sein und werden infolgedessen als etwas ‚Fremdes' abgelehnt. Aus diesem Grund halten

---

* Anmerkung zur deutschen Ausgabe: In den USA leben ca. 31 Millionen Chicanos und Mexikamer. Die Chicanos wachsen meist zweisprachig auf (Englisch/Spanisch), teils auch dreisprachig (zusätzlich eine der 52 vorkolonialen Sprachen, die in Mexiko außer dem Spanischen gesprochen werden). Die Mehrzahl sind Kinder, Enkel oder Urenkel mexikanischer Immigranten, die in den USA und daher als US-Staatsbürger geboren sind, und zusätzlich auch Rechtsanspruch auf die mexikanische Staatsbürgerschaft haben (Recht auf Doppelstaatsbürgerschaft seit 1998). Einige sind selbst vor einer gewissen Zeit eingewandert und des Englischen so mächtig, in die lokale Ökonomie so eingebunden und mit der Chicano-Kultur so vertraut, dass sie ebenfalls von sich selbst und den anderen Chicanos als solche begriffen werden.

Der Einfluss der Chicanos auf die Mehrheitsgesellschaft der USA und auf Mexiko ist zunehmend groß. So wurden z.B. bei den Studentenstreiks 2009/2010 an der University of California, Santa Cruz eine große Zahl der Parolen von den englischsprachigen Studenten und Studentinnen auf Spanisch gerufen, inspiriert durch die große Präsenz der Chicanos in linken und Gewerkschaftsbewegungen Kaliforniens. (S.G.)

Horkheimer und Adorno fest: „Die von Zivilisation Geblendeten erfahren ihre eigenen tabuierten mimetischen Züge erst an manchen Gesten und Verhaltensweisen, die ihnen bei anderen begegnen, und als isolierte Reste, als beschämende Rudimente in der rationalisierten Umwelt auffallen. Was als Fremdes abstößt, ist nur allzu vertraut." (These V)[28] Dem ist hinzuzufügen, dass sich der einmal ins Rollen gekommene Prozess der Verstoßung und Verfolgung nach dieser These selbst speist. Diejenigen, die vor Verfolgung flüchten, überwinden, so erscheint für die Anderen, die der Sesshaftigkeit und ihrer Gesellschaftsform inhärenten Einschränkungen; diejenigen, die unter der Folter schreien und sich impulsiv bewegen, scheinen im Verhältnis zu ihrem eigenen Körper weniger unterdrückt zu sein. Dies verstärkt den Hass und Verfolgungsdrang derjenigen, die es nicht ertragen, dass andere *dem Schein nach* weniger unterdrückt sind als sie selbst. „Die Vertriebenen erwecken zwangshaft die Lust zu vertreiben. [...] In den chaotisch-regelhaften Fluchtreaktionen der niederen Tiere, in den Figuren des Gewimmels, in den konvulsivischen Gesten von Gemarterten stellt sich dar, was am armen Leben trotz allem sich nicht ganz beherrschen lässt: der mimetische Impuls. Im Todeskampf der Kreatur, am äußersten Gegenpol der Freiheit, scheint die Freiheit unwiderstehlich als die durchkreuzte Bestimmung der Materie durch. Dagegen richtet sich die Idiosynkrasie, die der Antisemitismus als Motiv vorgibt."[29]

Eine weitere Erklärung für den Antisemitismus, die Max Horkheimer und Theodor W. Adorno in diesem Text geben, geht von einer philosophisch-psychologischen Erkenntnistheorie aus. In jedem Erkenntnisakt vollzieht das Subjekt eine Projektion seiner Erfahrungen, Erinnerungen, Phantasien und Wünsche im Hinblick auf die Außenwelt, die es wahrnehmen möchte. Diese Projektion ist notwendig, um wirklich in der Lage zu sein, etwas Neues kennen zu lernen. Jeder Erkenntnisakt ist eine Konfrontation des bereits Gelebten, Gedachten oder Gefühlten mit einer neuen Wahrnehmung, um das Subjekt und Objekt der Erkenntnis zueinander in Beziehung zu setzen. Aber diese Projektion kann auf zweierlei Weisen

---

28 Ebd. S. 211.
29 Ebd. S. 213.

verlaufen, die zwar affin, jedoch überaus unterschiedlich sind: es sind die „in Kontrolle genommene Projektion und ihre Entartung zur falschen [Projektion]" (These VI).[30]

Hier ist der große Unterschied zur positivistischen Konzeption des ‚Vorurteils' zu erkennen, die gegenwärtig in den Gesellschaftswissenschaften und im Alltagsbewusstsein vorherrscht. Die Konzeption des ‚Vorurteils' beruht auf der Vorstellung, unterscheiden zu können zwischen einem begründeten ‚Urteil' und einem nicht objektiv fundiertem, das heißt *bevor* jenes vollzogen ist, ausgesprochenen Urteil (daher *Vor*urteil). Dieser Konzeption liegt der zentrale Gedanke zugrunde, dass ein rational begründetes Urteil klinisch zwischen dem Subjektiven und dem Objektiven unterscheidet, mit anderen Worten: dem Subjekt muss es darum zu tun sein, als solches im Erkenntnisprozess abwesend zu sein und somit seine Präferenzen, Erinnerungen, Ängste, Wünsche, Traditionen und so weiter auszuschließen. Der von Horkheimer und Adorno entwickelte Begriff der „in Kontrolle genommenen Projektion" stellt sich gegen diese positivistische Konzeption, die in der Sicht der kritischen Theorie überaus naiv ist und einen quasi religiösen Glauben an die absolute Leistung der Vernunft begründet. Die Vernunft, so schreiben sie an anderer Stelle, verfällt damit einem neuen Mythos, dem Mythos der Vernunft als absolute und unbestechliche Kraft.[31]

Mit dem Begriff der „in Kontrolle genommenen Projektion" gehen die Autoren der *Dialektik der Aufklärung* in einem ersten Moment von den

---

30 Ebd. S. 218.
31 Zu Hegel, einer derjenigen von der Aufklärung beeinflussten Philosophen, die sie am meisten achten, merken sie an: „Mit dem Begriff der bestimmten Negation hat Hegel ein Element hervorgehoben, das Aufklärung von dem positivistischen Zerfall unterscheidet, dem er sie zurechnet. Indem er freilich das gewusste Resultat des gesamten Prozesses der Negation: die Totalität in System und Geschichte, schließlich doch zum Absoluten machte, verstieß er gegen das Verbot und verfiel selbst der Mythologie.
   Das ist nicht bloß seiner Philosophie als der Apotheose des fortschreitenden Denkens widerfahren, sondern der Aufklärung selbst, als der Nüchternheit, durch die sie von Hegel und von Metaphysik überhaupt sich zu unterscheiden meint. Denn Aufklärung ist totalitär wie nur irgendein System." (Theodor W. Adorno und Max Horkheimer, „Begriff der Aufklärung", in *Dialektik der Aufklärung*, a.a.O. S. 47.)

Grenzen der Vernunft im Erkenntnisprozess aus, um alsdann die Bedeutsamkeit der Vernunft in einem zweiten Moment zu retten. In diesem zweiten Sinne unterscheiden sie sich deutlich von den postmodernen Auffassungen, die unlängst sehr in Mode waren. Die Vernunft bedarf der nicht rationalen Fähigkeiten des Menschen selbst, nämlich der Erinnerung (die eine zu einem großen Teil vom Verstand nicht kontrollierbare Selektivität besitzt), der Wünsche, Ängste, Präferenzen und so weiter, um den unzähligen Wahrnehmungen, die wir ständig empfangen, eine *erste Form*[32] zu geben. Nur durch den Vergleich der im *Jetzt* sinnlich wahrgenommenen Bilder, Laute, Empfindungen der Berührung, des Geruchs und Geschmacks mit der Erinnerung an die Bilder, Laute, Empfindungen der Berührung, des Geruchs und Geschmacks der *Vergangenheit*, sind wir imstande, ihnen irgendeine Information zu entnehmen, sie zu ordnen, ihnen Sinn zu geben und uns nicht in ihnen zu verlieren. Die Erinnerung ist ihrerseits maßgeblich in Verbindung mit Sympathie oder Ablehnung, Wünschen oder Ängsten strukturiert, die wir mit jedem gelebten Ereignis und jeder wahrgenommenen Empfindung verbinden.

Das zweite Moment im Erkenntnisakt ist nach der Theorie von Horkheimer und Adorno eben das der Vernunft, die diese Projektionen kontrolliert, damit sie nicht aus einem für den Erkenntnisprozess notwendigen Werkzeug zu einem ihn beherrschenden wird und ihn vollends von jeglicher sinnlichen Wahrnehmung entfernt. Nur mit der kontinuierlichen Präsenz einer kritischen und selbstkritischen Haltung gegenüber der eigenen ‚sinnlichen Gewissheit' und des Selbstbewusstseins darüber, dass diese Sicherheit infolge der ständigen Präsenz von *unbewussten* Projektionen in jedem noch so kleinen Erkenntnisakt trügerisch ist, lässt sich die Projektion unter Kontrolle nehmen und zu einem wirklichen Werkzeug im Erkenntnisprozess machen.[33] Die positivistische Auffassung, die auf dem naiven Glauben beruht, es sei möglich, sich durch einen puren Willensakt

---

32 Siehe Sofía Rodríguez Fernández, *Primera Forma*. Querétaro, Conaculta/Universidad Autónoma de Querétaro, 2003.
33 Dies ist einer der zahlreichen Gründe, weshalb die kritische Theorie diesen Namen hat: Kritik ist nicht etwas zusätzliches oder eine bestimmte Haltung im Erkenntnisprozess überhaupt oder im wissenschaftlichen Prozess, sondern ein *unabdingbares* Element in diesem Prozess, ohne das er zwangsläufig zum Scheitern verurteilt ist.

von der eigenen Subjektivität zu entfernen und sich bedingungslos der Wahrnehmung des rein Objektiven hinzugeben, indem Vorurteile einfach durch Urteile ersetzt werden, mündet dagegen in der gravierenden Schwäche, der Entstehung der unheilvollsten Ideologien nichts Substanzielles entgegensetzen zu können.

Wenn die notwendige Existenz der Projektion in jedem Erkenntnisakt auf positivistische Art und Weise schlichtweg geleugnet wird, lassen sich für diese keine rationalen ‚Kontrollmechanismen' mehr festlegen, um zu verhindern, dass sie den aggressivsten, ja selbst genozidalen Ideologien als Instrument dient. Die beiden beschriebenen Projektionsweisen stehen sich so nahe, dass jene, die ihre Ideologien des Hasses auf einer falschen Projektion errichten, sich dazu berechtigt fühlen, weil es ihnen scheint, dass alle, die, genau wie sie, ein Urteil formulieren auf unkontrollierte Art und Weise projizieren.[34] Sie leugnen den Unterschied, dass eine Projektionsweise bewusst ist und die andere an einem „Ausfall der Reflexion" leidet. Im Antisemitismus werden viele der eigenen Wünsche auf Juden projiziert, so wird zum Beispiel der Wunsch, viel Geld zu haben in die falsche Behauptung projiziert, alle Juden seien tagaus, tagein dem Geld hinterher. Oder die Projektion der christlichen Gruppen, die weltweit nahezu alle Machtposten kontrollieren und unzählige Aggressionskriege geführt haben, um ihren Einflussbereich zu erweitern und dabei behaupten, es gebe eine ‚jüdische Weltverschwörung'. Die Autoren der *Elemente des Antisemitismus* merken dazu an:

> Das Pathische am Antisemitismus ist nicht das projektive Verhalten als solches, sondern der Ausfall der Reflexion darin. Indem das Subjekt nicht mehr vermag, dem Objekt zurückzugeben, was es von ihm empfangen hat, wird es selbst nicht reicher sondern ärmer. Es verliert die Reflexion nach beiden Richtungen: da es

---

34 Siehe: „Weil also zur Wahrheit Einbildungskraft gehört, kann es dem an dieser Beschädigten stets vorkommen, als ob die Wahrheit phantastisch und seine Illusion die Wahrheit sei. Der Beschädigte zehrt von dem der Wahrheit selbst immanenten Element der Einbildung, indem er es unablässig exponiert. Demokratisch besteht er auf der Gleichberechtigung für seinen Wahn, weil in der Tat auch die Wahrheit nicht stringent ist. Wenn der Bürger schon zugibt, dass der Antisemit im Unrecht ist, so will er wenigstens, dass auch das Opfer schuldig sei." (Theodor W. Adorno und Max Horkheimer, „Elemente des Antisemitismus", a.a.O. S. 223.)

nicht mehr den Gegenstand reflektiert, reflektiert es nicht mehr auf sich und verliert so die Fähigkeit zur Differenz.[35]

Diese These zeigt eindeutig, was wir weiter oben erwähnten: die „Elemente des Antisemitismus" gehen bei weitem über eine Antisemitismusanalyse hinaus und stellen einige Entwürfe vor, die für eine tiefgreifende Kritik der bestehenden gesellschaftlichen Verhältnisse und den entsprechenden Denkweisen von unschätzbarem Wert sind. Die Erklärung der zwei Projektionsweisen stellt eine doppelte Kritik an zwei Formen der Vereinfachung des komplexen Erkenntnisaktes dar: die idealistische und die positivistische. Die erste reduziert den Erkenntnisakt auf einen rein innerlichen Akt des Subjekts, des Denkens und der Theorien, während die zweite, die „von den Philosophen seit dem Kantianismus als naiv realistisch […] verachtet wurde"[36], die Notwendigkeit der genannten kontrollierten Projektion im Erkenntnisakt in jeder Hinsicht leugnet. Sie begreift den folgenden Zusammenhang nicht: „Zwischen dem wahrhaften Gegenstand und dem unbezweifelbaren Sinnesdatum, zwischen innen und außen, klafft ein Abgrund, den das Subjekt auf eigene Gefahr überbrücken muss".[37]

Ausgehend von diesen epistemologischen Reflexionen kommen Horkheimer und Adorno zu allgemeineren Aussagen zum Verhältnis von Subjekt und Objekt und formulieren im Rahmen dieser Thematik ihre doppelte Ablehnung der Einschränkungen sowohl des Idealismus wie auch des Positivismus.

> In nichts anderem als in der Zartheit und dem Reichtum der äußeren Wahrnehmungswelt besteht die innere Tiefe des Subjekts. Wenn die Verschränkung unterbrochen wird, erstarrt das Ich. Geht es, positivistisch, im Registrieren von Gegebenem auf, ohne selbst zu geben, so schrumpft es zum Punkt, und wenn es, idealistisch, die Welt aus dem grundlosen Ursprung seiner selbst entwirft, erschöpft es sich in sturer Wiederholung.[38]

Der Tod der kritischen Theorie der Frankfurter Schule kann nicht überwunden werden. Es ist nicht darum zu tun, mit jenen Theoretikern zu

---

35 Ebd. S. 219.
36 Ebd. S. 218.
37 Ebd.
38 Ebd. S. 219.

wetteifern, die sich selbst zur zweiten, dritten und weiteren Generationen der kritischen Theorie erklären, indem sie eine nicht existierende Kontinuität suggerieren. Das Projekt einer kritischen Theorie kann jedoch durchaus wieder aufgegriffen werden, eben über ihren stärksten Impuls, den selbstkritischen Impuls der Vernunft. Wenn dieses Projekts heute wieder aufgegriffen wird, dann kann dabei nicht geleugnet werden – wie auch nicht zur Zeit von Horkheimer, Adorno, Marcuse, Neumann, Benjamin etc. –, dass damit in jeder Hinsicht gegen den Strom geschwommen wird, sogar gegen den, der durch das scheinbare *Generationsgefälle* dieser theoretisch-philosophischen Tradition entstanden ist. Nur die größtmögliche Distanz zur neokantianischen Remoralisierung der kritischen Theorie, und zugleich der größte Abstand zur neopositivistischen Resoziologisierung könnten im 21. Jahrhundert die Grundlagen für das Wiederaufgreifen dieses einzigartigen theoretischen Projekts des 20. Jahrhunderts bilden. Es gibt wenige Wissenschaftler in Deutschland und am Institut für Sozialforschung in Frankfurt[39], die nicht einen dieser beiden Fehler begehen – im ersten Fall Habermas nachfolgend und im zweiten sich auf rein deskriptive Untersuchungen beschränkend. Gibt es einen geeigneten Ort, um das intellektuelle Erbe von Horkheimer, Adorno, Marcuse, Neumann, Kirchheimer, Löwenthal und Benjamin wieder aufzugreifen? Wir wissen es nicht. Jedoch greifen wir hier die Kritik Walter Benjamins am vermeintlichen Kontinuum der Zeit (das im folgenden Kapitel dargelegt wird) bereits auf, so dass angesichts des Bruchs mit dem falschen geographisch-philosophischen Kontinuum die Frage gestellt werden könnte: ist Mexiko gar *Frankfurt* näher als Frankfurt sich selbst?

---

39 Siehe hierzu Kapitel 4 in diesem Buch: „Historisierte Dialektik. Horkheimers und Adornos unredliche Erben".

2. Unterbrechung des *Kontinuums* der Geschichte bei Walter Benjamin

I. Warum schaut der *Engel der Geschichte* zurück?

Der „Engel der Geschichte",[1] von dem Benjamin in der IX. These spricht, ist ohne Zweifel mehr als eine bloße Bezugnahme auf das ‚Angelus Novus' betitelte Bild von Paul Klee. Diese Formulierung in der IX. These steht in direktem Verhältnis zur ersten These, in der Benjamin die Bedeutung der Theologie für den historischen Materialismus, zu welchem er sich anschickt in Zeiten tiefer Krise etwas beizutragen, hervorhebt. Es ist gleich zu Beginn zu unterstreichen, dass Benjamin sich *nicht* vornimmt, dem historischen Materialismus den Rücken zu kehren, um sich der Theologie zuzuwenden. Ebenso wenig schlägt er vor, den historischen Materialismus mit der Theologie zu mischen, als seien es zwei Komponenten der gleichen Kategorie. Es liegt vielmehr auf der Hand, dass es ihm darum zu tun ist, die Theologie in den Dienst des historischen Materialismus zu stellen, damit dieser gegen jeden Herausforderer, vor allem den Nationalsozialismus und den mit ihm einhergehenden Theorien, gewinnen kann.

---

1 Walter Benjamin, *Über den Begriff der Geschichte*. In: ders., *Gesammelte Schriften*, Vol. I, 2. 2. Ed. Frankfurt am Main 1978, p. 693-704, hier: These IX, S. 697.
 (Geschrieben 1940. Mimeographiert enthalten in: Institut für Sozialforschung (Hrsg.), *Walter Benjamin zum Gedächtnis*, Los Angeles 1942, S. 1-6. Erstveröffentlichung als Druck als von Pierre Missac erstellte und von Max Horkheimer und Theodor W. Adorno autorisierte französische Übersetzung mit dem Titel „Sur le concept d'histoire" in: Les Temps Modernes, Paris, Juli – Dez. 1947, Vol. 3, Nr. 22-27, S. 624-634. Erstveröffentlichung des deutschsprachigen Originals als Druck in: Die Neue Rundschau, 1950, Vol. 61, Heft 4, S. 560-570.)

„Zu dieser Apparatur kann man sich ein Gegenstück in der Philosophie vorstellen. Gewinnen soll immer die Puppe, die man ›historischen Materialismus‹ nennt. Sie kann es ohne weiteres mit jedem aufnehmen, wenn sie die Theologie in ihren Dienst nimmt, die heute bekanntlich klein und hässlich ist und sich ohnehin nicht darf blicken lassen."[2]

Aber, wer ist der am meisten gefürchtete Herausforderer? Wem muss sich der historische Materialismus im Augenblick, da Benjamin diese Zeilen formuliert, entgegenstellen? Der Autor sagt es gerade in derjenigen These, die zugleich die einzige neben der zitierten ersten These ist, in der er einen expliziten Bezug zur Theologie herstellt. Er präzisiert diesen historischen Moment in der X. These, wenn er die Verhaltensregel der Mönche als nachahmenswertes Beispiel skizziert: Seine Reflexion „beabsichtigt in einem Augenblick, da die Politiker, auf die die Gegner des Faschismus gehofft hatten, am Boden liegen und ihre Niederlage mit dem Verrat an der eigenen Sache bekräftigen, das politische Weltkind aus den Netzen zu lösen, mit denen sie es umgarnt hatten."[3] In diesem Augenblick schlägt der Autor vor, dem Beispiel der Ordensbrüder zu folgen: „Die Gegenstände, die die Klosterregel den Brüdern zur Meditation anwies, hatten die Aufgabe, sie der Welt und ihrem Treiben abhold zu machen. Der Gedankengang, den wir hier verfolgen, ist aus einer ähnlichen Bestimmung hervorgegangen."[4]

Diese Fähigkeit, von der Unmittelbarkeit der Geschäftigkeiten der Welt Abstand zu nehmen, die im Allgemeinen wegen des Politizismus der Linken nicht entwickelt werden kann, ist es, was Benjamin meint von der Theologie lernen zu können. Zur Zeit des Nationalsozialismus und Faschismus ist diese Überlegung alles andere als selbstverständlich, da, wie der oben zitierte Satz zu verstehen gibt, es oft gerade die fehlende Distanz zur eigenen Niederlage ist, die im Verrat der eigenen Sache mündet. Die Lehre, die Benjamin aus der vom historischen Materialismus in Dienst genommenen Theologie ziehen will ist die folgende: Das, was heute sichtbar existiert, ist *nicht* die Totalität, ist nicht das letzte Wort der

---

2 Ebd. These I, S. 693.
3 Ebd. These X, S. 698.
4 Ebd.

Geschichte, es gibt etwas außerhalb dieser zerstörerischen Kraft, die fast allgegenwärtig ist in Benjamins Gegenwart. Es ist die Hoffnungslosigkeit, die in dieser Epoche nach vielen Zeugnissen unter den Nicht-Faschisten und Nicht-Nationalsozialisten vorherrschte, gegen die Benjamin die alte theologische Idee der Hoffnung wieder aufgreift,[5] auch wenn er selbst sich verbietet, es mit der Unmittelbarkeit Blochs zu tun. Entsprechend dieser Perspektive ist dieser letzte Text Walter Benjamins vor seiner Selbsttötung alles andere als das Dokument der Hoffnungslosigkeit von jemanden, der kurz vor seinem Selbstmord steht, wie beispielsweise José María Pérez Gay interpretierte.[6]

Einer der zentralen Gründe, warum Benjamin sich auf die Theologie bezieht, ist also sein radikal kritischer und revolutionärer Impuls, verstanden in dem Sinne, dass das, was scheinbar eine Realität ist, aus der wir in nächster Zeit nicht heraus können („das tausendjährige Reich'), *nicht* die Totalität des Bestehenden ist. (Selbstredend verstand ein großer Teil der Religiösen und Gläubigen zum Beispiel im Deutschland dieser Zeit die Theologie nicht in diesem Sinne und ordnete sich bedingungslos dem zerstörerischen nationalsozialistischen Projekt unter. Daher stellt Benjamin in der ersten These fest, dass sie „heute bekanntlich klein und hässlich ist und sich ohnehin nicht darf blicken lassen."[7]) Dieses Abstand-Nehmen von der Welt in ihrer gegenwärtigen Realität bedeutet für Benjamin nicht ein Zurückziehen von den wirklichen Kämpfen in eine rein kontemplative Haltung, die implizit durch das Nicht-Antasten Komplizin der herrschenden Realität ist, so wie es viele ‚kleine' Interpretationen der Theologie gemacht haben. Die Überlegungen Benjamins versuchen – so wie er nach dem Erwähnen der Klosterregeln sagt: „einen Begriff davon zu geben, wie *teuer* unser gewohntes Denken eine Vorstellung von Ge-

---

5 Siehe z.B.: „Sie sind als Zuversicht, als Mut, als Humor, als List, als Unentwegtheit in diesem Kampf lebendig und sie wirken in die Ferne der Zeit zurück. Sie werden immer von neuem jeden Sieg, der den Herrschenden jemals zugefallen ist, in Frage stellen." (Ebd. These IV, S. 694.)

6 José María Pérez Gay, Beitrag auf Kolloquium 'Benjamin y el angel de la historia', Universidad Nacional Autónoma de México, Facultad de Filosofía y Letras, Mai 2001, Mitschrift des Verfassers.

7 Walter Benjamin, *Über den Begriff der Geschichte*, a.a.O. These I, S. 693.

schichte zu stehen kommt, die jede Komplizität mit der vermeidet, an der diese Politiker [der zusammengebrochenen Sozialdemokratie, S.G.] weiter festhalten."[8]

Aber die Radikalität im Begreifen des Bestehenden, die Benjamin die Theologie in den Dienst des historischen Materialismus stellend, vertiefen will, besteht nicht nur in der Art und Weise, den Faschismus und Nationalsozialismus zu sehen und ihm gegenüber zu treten. Wir beziehen uns hier auf den radikalsten Punkt dieser Aufzeichnungen Benjamins: Seine Kritik des heute vorherrschenden Begriffs der Zeit als stetige (kontinuierliche) und lineare. Auch die Theologie weiß um die Möglichkeit und Notwendigkeit das zeitliche Kontinuum zu unterbrechen. Es existiert in ihr die zentrale Vorstellung, dass es etwas außerhalb, nicht nur dessen, was sich heute materiell aufdrängt, sondern auch außerhalb der tiefsten und am wenigsten hinterfragten begrifflichen Fundamente der gegenwärtig herrschenden Gesellschaftsformation, gibt.

Der Unterschied zwischen der Theologie und dem, was Benjamin von ihr aufgreift, besteht darin, dass Benjamin die Möglichkeit des Bruchs *innerhalb* dieser Welt sieht. Die „Jetztzeit"[9] ist nicht das Jüngste Gericht, und es muss auch nicht auf den eigenen Tod gewartet werden, um sich dieser neuen Zeitkonzeption anzunähern. Die Erfahrung und Praxis vieler Generationen in ihren Akten lebendiger Erinnerung sowie Traditionen haben in sich etwas zentrales dieses Begriffs der ‚Jetztzeit'. Ein Beispiel könnte in der religiösen Architektur das Baptisterium in Florenz aus dem elften oder zwölften Jahrhundert sein. Seine achteckige Form kann als eine Referenz auf den ‚achten Tag', das heißt auf den Tag außerhalb der normalen, linearen Zeit, verstanden werden.

Der historische Materialismus hatte mit Karl Marx einen Denker, der in vielen Aspekten das vom mechanischen Materialismus und vom Idealismus Vermachte überwand. Aber die so geschaffene, in vielerlei Hinsicht einzigartige, theoretische Grundlage wurde für lange Zeit nicht mit der notwendigen Radikalität mit der sie Marx geschaffen hatte, aufgegriffen. Benjamin rekurriert auf die Theologie, um einen der entscheidenden

---

8   Ebd. These X, S. 698.
9   Ebd. These XIV, S. 701.

Gründe dafür, dass das Marxsche Projekt für lange Zeit so sehr seine Erklärungskraft und seinen revolutionären Impuls eingebüßt hatte, überwinden zu können: die positivistischen Tendenzen, die sowohl in der Interpretation der sozialdemokratischen wie auch der stalinistischen Theoretiker existieren.[10] Die tiefe Überzeugung der Religiösen, dass das Sichtbare nicht alles ist und die gegenwärtige herrschende Macht nicht die einzige, ist das, wie wir zu zeigen trachteten, was Benjamin von der theologischen Tradition aufgreift, ohne den Impuls aufnehmen zu wollen, der die Theologie klein und hässlich macht: derjenige, gerade dieses Wissen zu opfern, um mit dem leben zu können, was Benjamin so sehr verwirft, dem Konformismus.[11]

Darum schaut der *Engel der Geschichte* zurück.

II. Warum *schaut* der Engel der Geschichte *zurück*?

Der Engel der Geschichte in den Thesen von Walter Benjamin *schaut zurück* aus drei Gründen:

Erstens, weil es *epistemologisch* unvermeidbar und notwendig ist, zurück zu schauen, oder: Der Engel kann nicht nach vorne sehen und muss nach hinten blicken, um seine Umgebung zu *verstehen*.

Zweitens, weil *ontologisch* die Zukunft nicht existiert, da der ‚Fortschritt' keine Tendenz einer Annäherung an eine bessere Zukunft, sondern das Sich-Entfernen vom verlorenen Paradies ist, und weil die Zeit als etwas homogenes, das automatisch voranschreitet, nicht existiert.

Drittens, weil es *politisch* notwendig ist, nach hinten zu schauen, weil es nicht möglich ist, dem Nationalsozialismus Einhalt zu bieten, wenn er als Ausnahmezustand, der einem unvermeidbaren Fortschritt diametral gegenübersteht, verstanden wird. Außerdem schaut er zurück um die Tradition vor der Besetzung durch die Mächtigen zu retten, denn die Kämpfe werden wegen der Toten und Besiegten der vorangegangenen Generationen geführt und nicht wegen Zukunftsversprechen.

---

10 Vgl. die These XI, in der Benjamin von der „positivistischen Konzeption" der sozialdemokratischen Theoretiker spricht (ebd. These XI, S. 699).
11 Siehe ebd. These XI, S. 698.

Zum Ersten: der epistemologische Aspekt

a) Benjamin will für die materialistische Theorie die Einsicht retten, die bereits im objektiven Idealismus Hegels existierte, dass die Erkenntnis ausschließlich bezüglich des Vergangenen möglich ist. Die menschliche Phantasie hat nicht die Fähigkeit, das radikal Neue zu erfinden. Aus diesem Grunde empfinden wir keinen Neid bezüglich der zukünftigen Generationen, denn auch wenn ihr Leben viel besser wäre als das unsere, so könnten wir uns dieses zutiefst andere und bessere Leben doch nicht vorstellen und somit empfinden wir auch diesbezüglich keinen Neid. „Glück, das Neid in uns erwecken könnte", sagt Benjamin in der zweiten These, „gibt es nur in der Luft, die wir geatmet haben, mit Menschen, zu denen wir hätten reden, mit Frauen, die sich uns hätten geben können."[12] Und er fährt fort: „Streift denn nicht uns selber ein Hauch der Luft, die um die Früheren gewesen ist? ist in Stimmen, denen wir unser Ohr schenken, ein Echo von nun verstummten? haben die Frauen, die wir umwerben, nicht Schwestern, die sie nicht mehr gekannt haben?[13]

Die Erkenntnis muss sich notwendiger Weise auf etwas materiell Existierendes stützen. Vielleicht können wir irgend eine ‚Logik' einiger Aspekte der geschichtlichen Entwicklung festmachen, aber in letzter Instanz wissen wir nicht wirklich, was passieren wird, und weniger noch in der gar so irrationalen – oder anarchischen, wie Marx sagen würde – Welt, der gegenwärtigen Gesellschaftsformation. Das, was uns aber durchaus Reste hinterließ, auch wenn sie gelegentlich sehr versteckt und schwer zu bemerken sind, ist die Vergangenheit. Sie ist in unserem Alltag *materiell* präsent. Das heißt, um etwas in seiner Umgebung zu sehen, muss der Engel der Geschichte zurück schauen.

b) Um das Wichtigste dieser materiellen Reste, die uns die vorangegangenen Generationen zurückgelassen haben, wahrzunehmen, sind die gängigen Versionen der Geschichtswissenschaft zu überwinden. Es kommt darauf an, nicht in den Fehler des Historizisten zu verfallen, der ein Verfahren der Einfühlung verwendet, denn diese geschieht notwendigerweise mit den

---

12 Ebd. These II, S. 693.
13 Ebd.

Siegern der Geschichte. Von den Besiegten kennen wir keine Namen, noch ihre Gesichter, so dass eine emotionale Annäherung an sie folglich schwieriger wäre als an eine an die Sieger, von denen wir aufgrund der existierenden Dokumente, ausführlich ihre Gefühlslagen in verschiedenen Augenblicken ihres Lebens kennen. Aber, sich an die Sieger von früher anzunähern, bedeutet zugleich, sich den Herren von heute zu nähern, da sie die Erben der Sieger der Geschichte sind.[14] Um also heute wirklich die existierenden Widersprüche verstehen zu können, bedürfen wir notwendigerweise einer kritischen und distanzierten Vision bezüglich der Geschichte, die innerhalb des Modells des Historizismus geschrieben wurde. „Der historische Materialist", schreibt Benjamin, „betrachtet es als seine Aufgabe, die Geschichte gegen den Strich zu bürsten."[15] Es muss also mit sehr viel Vorsicht und Genauigkeit zurück geschaut werden, um die Wunden, die versteckten Narben, unter der scheinbaren glatten Oberfläche der Geschichte zu sehen. Auch die Linke bedarf dieses Ratschlags, denn sie ist bei vielen Gelegenheiten dem Irrtum verfallen, der offiziellen Geschichtsschreibung Glauben zu schenken und ihren Unterschied zum bürgerlichen Denken nur in der Willenserklärung zu sehen, dass sich ›von nun an‹ alles ändern solle. Diese Linke sah nicht, dass es nur ausgehend von einer radikal anderen Sichtweise der Geschichte möglich sein könnte, die bestehende Gesellschaft besser zu verstehen und damit von ihren tiefsten Wurzeln her zu verändern.

Der Engel der Geschichte schaut demnach zurück, nicht nur weil es epistemologisch nicht möglich ist, die Zukunft zu kennen, sondern auch, weil es notwendig ist, wirklich die Vergangenheit zu kennen, und zwar jenseits der offiziellen Geschichte.

c) Aber die Notwendigkeit, die Vergangenheit zu kennen geht über Reflexionen zur Nützlichkeit dieser Kenntnisse für mögliche gesellschaftliche Veränderungen in der Gegenwart hinaus. Es gibt etwas, das Benjamin nicht direkt, sondern nur auf indirekte Art und Weise benennen kann, aber es ist so wichtig, dass er es bei mehrfacher Gelegenheit in dem kurzen Text

---

14 „Die jeweils Herrschenden sind aber die Erben aller, die je gesiegt haben." (Ebd. These VII, S. 696.)
15 Ebd. These VII, S. 696 f.

über den Begriff der Geschichte erwähnt. Es ist etwas, das eine große Bedeutung für das Projekt einer anderen, freieren Gesellschaft hat, und zugleich entwischt es den Reflexionen politischer Nützlichkeit. Letztere sind ihrerseits nichts anderes als der Widerschein der Reduktion die wir Menschen im Kapitalismus, im Kampf um die Selbsterhaltung erleben. Die Logik, die in diesem Kampf entsteht, deformiert uns auf derartige Art und Weise, dass wir selbst im Augenblick eines versuchten Bruchs mit diesem Typ gesellschaftlicher Organisation mit großer Regelmäßigkeit in den Fehler verfallen, ihre utilitaristische Logik zu wiederholen und alles in Termini politischer Nützlichkeit denken, auch wenn diese eine Nützlichkeit für die Verwirklichung eines revolutionären oder emanzipatorischen Plans sein sollte. Dies ist vermutlich der Grund, warum Walter Benjamin denkt, es sei notwendig, dass gewisse Aspekte der Theologie in den historischen Materialismus eingehen, um ihm behilflich zu sein, sich von der allzu direkten Verbindung mit dem Denk- und Handlungsmustern bürgerlicher, oder um es in philosophischen Begriffen zu sagen: positivistischer Couleur zu befreien. Benjamin ist davon überzeugt, dass, trotz allem, jeder Generation „eine *schwache* messianische Kraft mitgegeben (ist), an welche die Vergangenheit Anspruch hat."[16] Es ist weniger so, dass wir das Vergessene kennen und von den Vergessenen der Geschichte etwas wissen müssen, um besser die Gesellschaft ändern zu können, so wie wir vorher gesagt haben. Dies wäre noch eine begrenzte Interpretation Benjamins. Sondern wir haben vielmehr die Verpflichtung, die Geschichte der Besiegten *um deren selbst willen* zu kennen. Die Besiegten der Geschichte haben einen Anspruch auf uns.[17] Wir stehen bei ihnen in Schuld in dem Sinne, dass wir sie nicht schlicht vergessen können. Die *Kenntnis* der Geschichte wird so zu etwas wesentlich Wichtigerem, denn einem Werkzeug für die zukünftige Organisation: Sie ist ein in sich selbst ruhender Zweck. Sie ist derartig wichtig, dass sie, um Geltung zu haben, nicht der zweifelhaften Zusatzbegründung der zu konstruierenden Zukunft bedarf.

---

16 Ebd. These II, S. 694.
17 Doch: „Billig ist dieser Anspruch nicht abzufertigen. Der historische Materialist weiß darum." (Ebd.)

> Das wahre Bild der Vergangenheit *huscht* vorbei. Nur als Bild, das auf Nimmerwiedersehen im Augenblick seiner Erkennbarkeit eben aufblitzt, ist die Vergangenheit festzuhalten. »Die Wahrheit wird uns nicht davonlaufen« – dieses Wort, das von Gottfried Keller stammt, bezeichnet im Geschichtsbild des Historismus genau die Stelle, an der es vom historischen Materialismus durchschlagen wird. Denn es ist ein unwiederbringliches Bild der Vergangenheit, das mit jeder Gegenwart zu verschwinden droht, die sich nicht als in ihm gemeinte erkannte.[18]

Das, was durchs Nicht-Zurückschauen zu den schwer sichtbaren Teilen der Vergangenheit verlustig geht, ist, neben der Erfüllung eines historischen Rechts der Besiegten und Ermordeten vorangegangener Zeiten, die Möglichkeit, uns selber in diesem vorbeihuschenden Bild der Vergangenheit wieder zu erkennen. Möglicherweise ist es die einzige Art und Weise uns zu erkennen, das heißt, die Fundamente unserer gegenwärtigen Wirklichkeit zu erkennen, aber dieses *Erkennen* ist nicht in positivistischer Manier als eine zusätzliche Weise, irgend ein akkumulierbares Gut zu erhalten, zu verstehen. Es ist ein flüchtiges Erkennen, so wie der Gewitterblitz, der von niemanden besessen werden kann und uns für einen Augenblick die Berge in der Nacht erblicken lässt. Es ist ein Akt, der seine Bedeutung in sich trägt, er bedarf keinerlei Rechtfertigung aufgrund der mehr oder weniger direkten Ergebnisse, die er zeitigte. Darin unterscheidet sich die im Benjaminschen Text enthaltene erkenntnistheoretische Konzeption abgrundtief von der Erkenntniskonzeption positivistischer Couleur, die doch soviel Gewicht unter denen hat, die sich als Marxisten oder historische Materialisten definieren oder definierten. So wie in der Theologie die Annäherung an die Wahrheit (in diesem Falle die göttliche) in sich selbst Relevanz hat, so hat sie sie auch für Benjamin. Darum schaut der Engel der Geschichte nicht nur nicht nach vorne, sondern er hat keine andere Wahl, als die zurückzublicken.

d) Also, zurück zu schauen ist nicht *eine* Form zu denken, sich selbst zu begreifen, die Wirklichkeit zu reflektieren, in der wir leben, sondern es ist *die* Form es zu tun. Aber die Angelegenheit ist noch komplizierter. Es ist nicht

---

18 Ebd. These V, S. 695. Zum Problem des Davonlaufens der Wahrheit vgl.: Shoshana Felman: Im Zeitalter der Zeugenschaft: Claude Lanzmanns *Shoah*. In: Ulrich Baer: ›Niemand zeugt für den Zeugen‹. Erinnerungskultur nach der Shoah. Frankfurt am Main: Suhrkamp, 2000, S. 173-193

nur darum zu tun, aufzuhören, den Blick, die Aufmerksamkeit an der Idee der Zukunft oder einer besseren Zukunft, an der Idee des unaufhörlichen Fortschritts, der uns fast *automatisch* befreien wird, auszurichten, sondern, es handelt sich sogar um eine andere Form zu schauen, zu sehen, zu reflektieren. *Innerhalb* des Erkenntnisaktes selbst ist die Idee eines unausweichlichen und ununterbrochenen Fortschritts zu überwinden. Der Reflexionsprozess selber ist etwas, was, ähnlich wie der historische Prozess, nicht als ein Akt des kontinuierlichen Anhäufens von Wahrheiten, von verstandenen Wirklichkeiten, von entwickelten oder geklärten Begriffen gefasst werden kann. Das Denken selbst ist in jedem Augenblick in Gefahr, etwas bereits Gefundenes zu verlieren. Wir befinden uns nicht auf einem sicheren Punkt, von dem aus wir zurück blicken, sondern der Teppich unter den Füßen des Denkens ist ständig in Begriff wegzurutschen. Die entscheidende Kraft, die in Bezug auf dieses Problem besteht, ist das *Vergessen*. Benjamin teilt diese Idee mit anderen Autoren der Frankfurter Schule. Die Geschichte der Philosophie ist in diesem Sinne für Adorno eine Geschichte des Vergessens.

Die Gedanken sind in ständiger Bewegung, aber das ist an sich nicht Grund zur Freude, denn diese Bewegung kann gerade der Grund dafür sein, dass unser Denken immer wieder aufs neue das gleiche wiederholt und nicht dazu gelangt, diejenigen Aspekte der Wirklichkeit zu begreifen, die zu verstehen so nötig wäre. Darum spricht Walter Benjamin von der Notwendigkeit, die Gedanken anzuhalten („ihre Stillstellung").[19] Der Autor erklärt dieses Verfahren auf folgende Weise:

> Wo das Denken in einer von Spannungen gesättigten Konstellation plötzlich einhält, da erteilt es derselben einen Chock, durch den es sich als Monade kristallisiert. Der historische Materialist geht an einen geschichtlichen Gegenstand einzig und allein da heran, wo er ihm als Monade entgegentritt. In dieser Struktur erkennt er das Zeichen einer messianischen Stillstellung des Geschehens, anders gesagt, einer revolutionären Chance im Kampfe für die unterdrückte Vergangenheit. Er nimmt sie wahr, um eine bestimmte Epoche aus dem homogenen Verlauf der Geschichte herauszusprengen; so sprengt er ein bestimmtes Leben aus der Epoche, so ein bestimmtes Werk aus dem Lebenswerk.[20]

---

19 Walter Benjamin, *Über den Begriff der Geschichte*, a.a.O. These XVII, S. 702.
20 Ebd. These XVII, S. 702 f.

Um sich diese Verfahren vorzustellen, können wir an den Film SHOAH von Claude Lanzmann denken. Er ist ein hervorragend gelungener Versuch, das Denken und die Zeit für die Dauer von neun Stunden stillzustellen. In diesem Werk wird voll und ganz das erfüllt, was Benjamin nach dem vorangegangenen Zitat sagt: „*im* Werk (ist) das Lebenswerk, *im* Lebenswerk die Epoche und *in* der Epoche der gesamte Geschichtsverlauf aufbewahrt [...] und aufgehoben." Lanzmann sagte bei einer Gelegenheit, dass es seine Absicht war, die Toten, die allein in den Gaskammern starben, nicht allein zu lassen. Niemand kann diese Toten eines einsamen Todes wieder zum Leben erwecken, aber, auch wenn es schwierig ist, dies zu verstehen, dieser Tod hat in gewisser Weise noch nicht geendet: „auch die Toten werden vor dem Feind, wenn er siegt, nicht sicher sein."[21] Worauf es ankommt ist also, die Verlängerung der Einsamkeit dieser Toten zu unterbrechen, sie den Händen des Vergessens zu entreißen und ihnen einen Ort in unserer individuellen und kollektiven Erinnerung zu eröffnen. Damit könnten wir die Verlängerung ihres Todes aufhalten.

Also, der Engel der Geschichte *schaut zurück*, weil er dahin blickt, wo er verweilen wollte, es ihm aber nicht gelang. Er wollte seine Gedanken bei einem Augenblick der Geschichte stillstellen, aber die Umstände erlaubten es ihm nicht, und so ist sein Blick der verlorene Blick, der versucht, mit den Augen das zu erreichen, was sich langsam in Richtung Horizont entfernt. In dieser Interpretation ist der Blick zurück nicht einer, der die Vergangenheit sieht, wie wir zuvor gesagt haben, sondern einer, der versucht, etwas zu sehen, was ihm nur einen Moment zuvor gelungen war, für eine winzige Weile still zu stellen – aber die Kraft des Vergessens entriss es ihm aus seinen Gedanken und seinem Blick und so schaut er zurück, das heißt zu dem, was wir selbstbetrügerisch ‚die Vergangenheit' nennen, dorthin, wohin es sich erneut seinem Denken entrissen hat.

e) Der Engel blickt also nicht nur zurück, um zu verstehen, was außerhalb von ihm ist, wie wir in den vorangegangenen Interpretationen analysiert haben, sondern auch, um sich selbst zu verstehen. Wir sagen das *nicht* in der Bedeutung von: sich selbst *ausgehend* von der Kenntnis der eigenen

---

21 Ebd. These VI, S. 695.

Geschichte, dem Kontext des eigenen Lebens, verstehen, sondern wirklich im Sinne von: im Zurück-Blicken, oder anders gesagt, im *gestern* mit *heute* auf direkte Art und Weise Konfrontieren, im Unterbrechen des geschichtlichen Kontinuums *sich selbst sehen*. Das könnte auf den ersten Blick zu spekulativ oder fast mystisch erscheinen, ist es aber nicht, und ist es zudem wesentlich weniger als die Ideologie des „Fortschritts als einer historischen Norm".[22]

Benjamin macht uns in diesem Aspekt seines Textes *Über den Begriff der Geschichte* etwas hochgradig Komplexes des Funktionierens der Erinnerung begreiflich. Er weiß, dass eine Konfrontation von zwei historischen Augenblicken nötig ist, um wirklich zu verstehen, um materiell das Erinnerungsvermögen zu aktivieren. Darauf bezieht sich der Autor im französischen Exil unter anderem, wenn er sagt: „dann besteht eine geheime Verabredung zwischen den gewesenen Geschlechtern und unserem"[23] und wenn er schreibt: „Vergangenes historisch artikulieren heißt nicht, es erkennen ›wie es denn eigentlich gewesen ist‹. Es heißt, sich einer Erinnerung bemächtigen, wie sie im Augenblick einer Gefahr aufblitzt. Dem historischen Materialismus geht es darum, ein Bild der Vergangenheit festzuhalten, wie es sich im Augenblick der Gefahr dem historischen Subjekt unversehens einstellt."[24]

Im Augenblick der Gefahr sehen wir die Bilder der Erinnerungen nicht als etwas Vergangenes, als etwas, was sich auf Distanz befindet, von uns heute durch die Zeit getrennt, sondern wir sehen sie als etwas *in diesem Moment* gegenwärtiges. Wir konfrontieren uns auf eine unmittelbare Art und Weise mit diesen Bildern und wir sehen uns selbst in ihnen. Dies ist der einzige Moment in dem das, was wir Erinnerung nennen, wirklich in der Lage ist, uns etwas Neues verstehen zu lassen. In andere ‚Erinnerungs-Akten' tun wir nichts anderes, als bereits abgeschwächte und aufbereitete Bilder zu *benutzen*, um all das, was wir sowieso denken und uns vorstellen, zu begründen. Aber dies sind *keine* Erinnerungs*akte*, sondern ein oberflächliches und laxes Zitieren von Bildern, die bereits

---

22 Ebd. These VIII, S. 697.
23 Ebd. These II, S. 694.
24 Ebd. These VI, S. 695.

gezähmt sind durch die Zeichen, die wir ihnen im Kontext unserer Erklärungen gegeben haben. Es müsste dazu weitergehend auf das konfliktive Verhältnis von *Bild* und *Zeichen*, das im aufgeklärten Denken und (künstlerischen) Tun existiert, eingegangen werden, um diese Problematik von Grund auf zu erklären,[25] was hier aber nicht möglich ist. Aber es ist von zentraler Bedeutung, sich zu vergegenwärtigen, dass in der repressiven und ausbeuterischen, das heißt *nicht freien*, Gesellschaft unsere Wahrnehmungen unfrei und in letzter Instanz durch die vorgeschichtlichen Impulse der Selbsterhaltung geleitet sind. Dies provoziert, dass Zeichen und Bild im permanentem Konflikt stehen und das Bild, im Augenblick, da es durch das Zeichen absorbiert wird, völlig seine Aussagekraft und Wahrheit verliert. Darum weiß Benjamin und deshalb sucht er auch die Unterbrechung dieser scheinbar *normalen* Prozesse in der Geschichtswahrnehmung. Nur wenn das historische Bild sein volles Recht erhält, kann es eine aufklärerische Wirkung für unser Bewusstsein haben, und es kann dieses volles Recht nur haben, wenn der *vergangene* historische Moment sich uns auf *unmittelbare* Art und Weise entgegenstellen kann. Darum sieht sich der Engel der Geschichte selber, wenn er zurück schaut. *Er selbst* ist dort, in der Vergangenheit, oder anders gesagt, der spezifische Moment der Vergangenheit steht ihm selbst in diesem heutigen, jetzigen[26] Augenblick gegenüber.

In SHOAH lässt Lanzmann für einen Moment lang einen Interviewpartner ausschließlich deshalb zu seiner früheren beruflichen Tätigkeit als Friseur zurückkehren, um ihn in dieser Situation, während er einem Herrn das Haar schneidet, interviewen zu können. Er befragt ihn nach seinen Erinnerungen aus seinem Aufenthalt in einem nationalsozialistischen

---

25 Siehe dazu: Max Horkheimer und Theodor W. Adorno, *Dialektik der Aufklärung. Philosophische Fragmente*, in: Max Horkheimer: *Gesammelte Schriften*, hrsg. von Alfred Schmidt und Gunzelin Schmid Noerr, Band 5: ›*Dialektik der Aufklärung*‹ *und Schriften 1940-1950*, hrsg. von Gunzelin Schmid Noerr, Frankfurt am Main: Fischer, 1987, Kapitel: „Begriff der Aufklärung", S. 25-66, insb.: S. 39-52. Vgl.: „Die Trennung von Zeichen und Bild ist unabwendbar. Wird sie jedoch ahnungslos selbstzufrieden nochmals hypostasiert, so treibt jedes der beiden isolierten Prinzipien zur Zerstörung der Wahrheit hin." (Ebd. S. 40.)
26 Vgl. dazu den Begriff der „Jetztzeit" (Benjamin, *Über den Begriff der Geschichte*, a.a.O. These XIV, S. 701).

Vernichtungslager. Lanzmann bringt den vormaligen Friseur dazu, sich zu erinnern und zu erzählen, wie einige er Momente bevor die Frauen in die Gaskammern hineingingen, manchmal sogar in dieser drinnen, kurz bevor die Türen verriegelt wurden, ihnen die Haare schnitt. Der Fragende aus Paris macht ihn dies erinnern, genau in dem Moment, da er den Akt des Haareschneidens wiederholt und erzählt, wie es war, als neben ihm ein anderer Friseur die Haare von Frauen, die ihm sehr nahe standen, schneiden musste und mit ihnen sterben wollte. Diese Szene ist eine von denen, die sich uns am nachdrücklichsten in die Erinnerung geschrieben haben, denn Lanzmann gelang es, das Kontinuum der Geschichte zu unterbrechen und einen Augenblick der Vergangenheit auf unmittelbare Art und Weise, außerhalb der Kontrolle durch die Interpretation der Zeichen, mit dem Überlebenden heute zu konfrontieren. Diese Unterbrechung des Kontinuums der Geschichte schließt selbst den Zuschauer mit ein, der für einen Augenblick, und sei es der kürzeste, die Empfindung der Zeit als homogene und unaufhaltbare, verliert und sich ihm ein Zwischenraum öffnet, um etwas in der Vergangenheit zu *sehen*, als sei es heute, jetzt, in diesem Moment. Oder anders gesagt: Der Zuschauer sieht plötzlich den Friseur in Auschwitz-Birkenau, wie er den Frauen die Haare schneidet, Augenblicke bevor die Türen der Gaskammer verriegelt werden, und sieht, wie er sich dort sieht und sieht plötzlich etwas, was er nie zuvor geschafft hat mit anderen Methoden zu sehen oder wahrzunehmen.

Die Erinnerung, die sich so leicht korrumpieren lässt, in dieser durch ihre ökonomische und soziale Form korrumpierten Gesellschaft, findet einen Riss in der erbarmungslosen Maschinerie, die wir *Zeit* nennen. In diesem feinen Riss, den nur denjenigen sehen, die nicht unverhofft die Augen angesichts des Grauens verschließen, das in dem verborgen ist, was wir unsere *Vergangenheit* nennen, öffnet sich für einige Momente, Momente, die eine Ewigkeit sind, ein Raum der Freiheit, der es der Erinnerung erlaubt, das hervorzubringen, was untergegangen und zum Vergessen verurteilt war.

Zum Zweiten: der ontologische Aspekt

a) Der Engel der Geschichte *schaut* nicht nur zurück, sondern sein ganzer *Köper* ist nach hinten orientiert. All das, was in der neunten These Benjamins erwähnt wird, befindet sich hinten, vom ‚Vorne' wird nicht gesprochen. Das einzige, was wir vom ‚Vorne' wissen, ist, dass sich dorthin der Engel *gegen seinen Willen und außer Kontrolle* bewegt, gestoßen von einer Kraft, der er sich widersetzten will, ohne dass es ihm gelingt. Diese Kraft, dieser *Sturm*, wie Benjamin sagt, ist das, was wir den Fortschritt nennen.

Aber dieser *Sturm* des Fortschritts weht nicht in Richtung Zukunft, wie im allgemeinen gesagt wird, sondern er kommt vom Paradies, er entfernt uns immer mehr von diesem. Das heißt, die Zukunft *existiert nicht*, wir können sie uns nur *vorstellen* als das mögliche Resultat des zunehmenden Entfernens vom Paradies und der Unfähigkeit anzuhalten. Aber *ontologisch* oder *materiell* ist die Zukunft inexistent. Sie ist nur das *imaginäre* Produkt unserer Phantasie und unserer Unfähigkeit, mit Ruhe die Gegenwart zu schauen und in ihr zu verweilen. Die Idee der Zukunft ist das Ergebnis der *Absage* an die voll und ganz gelebte Gegenwart, sie ist die abgerissene Gegenwart. Das Fixiert-Sein auf die Zukunft ist zugleich die Negation des Rechts der vorangegangenen Generationen auf unsere *schwache messianische Kraft*, denn dieses Starren auf die Zukunft ist untrennbar vom *Vergessen* der Vergangenheit. Genau in dem Augenblick, da dieses Recht der vergangenen Generationen nicht erfüllt wird, wird der Strick durchschnitten, der uns mit ihnen verbindet, und wir stürzen in einen Abgrund. Diesen dunklen Abgrund nennen wir im Augenblick, in dem wir in ihn hineinfallen ‚Zukunft', so wie die Menschen anderer Zeiten den unerklärlichen Naturphänomenen Namen gaben, um die Angst zu überwinden, die das Unerklärliche provoziert. Der ständige Versuch, die Zukunft zu besprechen, planen oder vorzustellen, ist also nichts anderes, als der Streben danach, das Unbenennbare zu benennen, um es unserer Logik zu unterwerfen, die zugleich unsere ach so geliebte Waffe ist, um die Angst vor allem Unbekanntem zu überwinden.[27]

---

27 Siehe dazu auch: Horkheimer und Adorno: *Dialektik der Aufklärung*, a.a.O. z.B. S. 38.

Aber die Zukunft ist nicht nur unbenennbar, weil sie nicht *wahrnehmbar* oder *begreifbar* ist, so wie es im epistemologischen Teil erklärt wurde, sondern, weil sie *nicht existiert*. Die Unzahl von Diskussionen innerhalb des Positivismus über das Problem der *Falsifizierung* (Popper) kommen genau daher. Der Positivismus, welcher sichere Wahrheiten über die existierende Realität sucht, tritt in aller Regel in die Falle zu denken, dass er auf die Analyse von Tatsachen der Vergangenheit gestützte Aussagen über die Zukunft machen kann. Aber zugleich werden sich seine besten Vertreter gewahr, dass die Zukunft ‚noch nicht' (wie sie sagen würden) existiert. Daher projizieren sie mit der Konstruktion der Falsifizierung den Augenblick der Wahrheit oder Falschheit einer Theorie auf einen späteren. Diese Konstruktion ist nichts anderes als der zum Scheitern verurteilte Versuch, einen Sprung in Richtung Zukunft zu tun, aber von einem anderen Heute aus reinterpretiert. Es soll das Heute als die ‚Zukunft des Gestern' rekonstruiert und damit der grundlegendste Widerspruch des Positivismus überwunden werden. Dieser Widerspruch tut sich auf zwischen hier dem naiven Glauben in die *Tatsachen*, die immer *beweisbare Tatsachen* sein müssen, wobei die Beweise nur nachdem die Dinge passiert sind erbracht werden können, und dort seinem unermüdlichen Drang, Erkenntnisse zu ermöglichen, welche die existierende Welt planbar machen, was auf das ausgerichtet sein muss, was wir *die Zukunft* nennen.

Benjamin, der die theoretische Schwäche der Linken, die in großem Maße der Präsenz des positivistischen Denkens in ihr geschuldet ist, überwinden will, präpariert heraus, dass nur in der radikalen Kritik des naiven Konzepts der *Zukunft* und damit des naiven Konzepts der *Zeit* als leere, lineare und homogene das theoretische Gebäude des Positivismus zum Einstürzen gebracht werden kann, das so sehr denjenigen imponiert, die nicht den dumpfen Untergrund des *Glauben in den Gott Kronos* sehen, auf dem es errichtet ist.

b) Aber: was ist der Glaube in den Gott Kronos?

In der Passage, die möglicherweise die radikalste des ganzen Textes ist, schreibt Benjamin:

> Die Vorstellung eines Fortschritts des Menschengeschlechts in der Geschichte ist von der Vorstellung ihres eine homogene und leere Zeit durchlaufenden Fortgangs

nicht abzulösen. Die Kritik an der Vorstellung dieses Fortgangs muss die Grundlage der Kritik an der Vorstellung des Fortschritts überhaupt bilden.[28]

Es ist kein Zufall, dass viele der Interpreten Benjamins in ihren Kommentaren über diesen Text diese Passage, ohne die sich die Radikalität der Thesen über den Begriff der Geschichte nicht im entferntesten begreifen lässt, links liegen lassen. Diese Radikalität geht weit über das in der zeitgenössischen Sozialphilosophie und Gesellschaftstheorie Erreichte hinaus, soweit, dass es unmöglich zu sein scheint, zu versuchen, sie wieder aufzugreifen oder wenigstens zu verteidigen. Der Begriff der Zeit, als absolute und sicherer Bezugspunkt, ist die *ideologische* Antwort einer Gesellschaft, die chaotisch, voller antagonistischer Widersprüche und zutiefst irrationaler Strukturen ist. Solange die Gesellschaft an sich ihren Mitgliedern nicht die notwendige Sicherheit geben kann, eine Form zu sein, die ihnen hilft zu leben, anstatt dies zu erschweren, wird diese Gesellschaft Strukturen *außerhalb* ihrer selbst benötigen, die vorgeblich durch die newtonschen Naturgesetze gegeben sind, um die gesellschaftliche Organisation zu ersetzen, die die bürgerliche Gesellschaft ihren Mitgliedern nicht bieten kann.[29] Es ist vor allem die *Zeit*, die den Menschen als Maßstab dient, um ihre Produkte, die prinzipiell unvergleichbar sind, vergleichbar zu machen. Der Umstand, dass dieser Faktor, der als objektiv und absolut für gesellschaftliche Belange gerade deshalb gelten konnte, weil er lange in den Naturwissenschaften als absolut und unveränderlich begriffen wurde, nunmehr intakt bleibt, obwohl er als solcher in den Naturwissenschaften

---

28 Walter Benjamin, *Über den Begriff der Geschichte*, a.a.O. These XIII, S. 701.
29 Siehe dazu Hegel, der *am meisten avancierte* bürgerliche Philosoph, in seiner Rechtsphilosophie, wo er begreift, dass die bürgerliche Gesellschaft *an sich* unfähig ist, sich selbst vernünftig zu organisieren. Hegel versucht dieses Problem mit der Konstruktion des *Staates* zu lösen, aber am Ende verbleibt ihm das Problem, auf was sich dieser gründen soll, denn, wenn er dies auf demokratische Art und Weise tut, wird er aufs neue von der Irrationalität der bürgerlichen Gesellschaft erfasst. Schlussendlich verrät auch Hegel selbst, der immer die Vernunft über alles hält, seine grundlegendsten Prinzipien und stellt über den Wunsch der Menschen in der bürgerlichen Gesellschaft, *sich Selbst* zu *verwalten*, die Natur: der Fürst erhält das letzte Wort in den Entscheidungen des Staates und mit ihm die Natur, die ihn qua Erstgeburt erwählt. Vgl. dazu Kapitel 3: „Das Problem des Staates. Marcuses Hegel-Lektüre".

seit Einsteins Relativitätstheorie längst überwunden ist, drückt mit aller Klarheit seinen Charakter einer *ideologischen Konstruktion* aus.

Aber das positivistische Denken, so präsent in den sozialdemokratischen und stalinistischen Interpretationen der Epoche Walter Benjamins, kann die neuen Entdeckungen der Naturwissenschaften nicht trotz, sondern gerade wegen der Fixierung auf ihre Methoden nicht zur Kenntnis nehmen. Sein Verhältnis zu den Naturwissenschaften ist per Definition ein *dogmatisches und unkritisches Verhältnis,* so dass ihn nicht einmal deren neuesten Entdeckungen interessieren, denn mehr als Sicherheiten zu geben, welche die dogmatischen Denker immer suchen, provozieren sie Zweifel, welche für diese Denker ein Horrorszenario darstellen.

Walter Benjamin nimmt mit großer Klarheit diesen Widerspruch in den seit seiner Epoche bis heute vorherrschenden Ideologien und Theorien wahr. Seine Kritik des herrschenden Zeitbegriffs mag mystisch, ideologisch oder hochgradig theologisch erscheinen. In gewisser Weise hilft ihm die Theologie, die dogmatischen Konzepte der herrschenden positivistischen Ideologie zu überwinden. Aber was er sucht, ist ein strikt materialistischer Zeitbegriff, ein Begriff, der nicht in den Fehler verfällt, ein *spezifisches Erfordernis* der kapitalistischen Reproduktionsweise zur suprahistorisch, ‚objektiv' gegebenen *Tatsache* zu deklarieren – so wie es der Positivismus zustande bringt.

Das heißt, der Engel der Geschichte ist zurück orientiert, weil es ontologisch keine andere Möglichkeit der Orientierung gibt. Das *Vorne,* als etwas, das in Richtung der *Zukunft* existiert, was mit dem vorgeblich unaufhaltsamen Voranschreiten der Zeit bald erreicht werden wird, kann höchstens von Geistersehern[30] in der Form der Glaskugel berührt werden und hat ansonsten keinerlei materielles Substrat. In diesem Sinne existiert das *Vorne* nicht, es ist das Nichts, das in jedem Augenblick für existent erklärt wird, aufgrund der Erfordernisse der kapitalistischen Reproduktionsweise, der Dynamik der Selbsterhaltung, die in dieser Gesellschaft

---

30 Horkheimer und Adorno weisen in der *Dialektik der Aufklärung* wiederholt auf die Nähe des Positivismus zum Spiritualismus und Geistersehertum hin und unterstreichen, wie sehr ein „absolut Rationaler" (im positivistischen Sinne von Rationalität) und ein „vollendet Wahnsinniger" sich ähneln. (Siehe: Horkheimer und Adorno, *Dialektik der Aufklärung*, a.a.O. S. 221.)

totalitär ist.[31] In anderen Worten: der Engel der Geschichte ist zurück orientiert, weil sich nach ‚vorne' nur die Gläubigen des Gottes Kronos ausrichten können, so wie auch nur die Gläubigen gewisser Götter ihr Leben auf einen zukünftigen Eintritt in den Himmel hinzuorientieren vermögen.

Dieses Paradoxon, dass es gerade die Theologie ist, die Walter Benjamin hilft, den positivistischen Glauben in den Gott Kronos abzulegen und damit eine radikal materialistische Theorie zu begründen, hat auch für die innermarxistische Diskussion große Folgen. Es ist die Theologie, die Walter Benjamin in seinen Dienst nimmt, um die theologischen Reste der sozialdemokratischen und stalinistischen Versionen des Positivismus, das heißt des dogmatischen Marxismus', zu überwinden. In letzter Instanz, ist es der alte Glauben an eine Erlösung außerhalb der Zeit und außerhalb der Welt, die im Progressismus und dem fanatischen Glauben an den Gott Kronos präsent ist. Der *Messianismus* Benjamins ist nichts anderes, als der Versuch, ein für alle Mal die Reste des *Messianismus* in demjenigen Denken, das sich selbst als aufgeklärt begreift, zu überwinden. So wie Horkheimer und Adorno danach trachten, das Projekt der Aufklärung gerade durch ihre radikale Kritik zu retten, ist Walter Benjamin darum bemüht, die mythologischen und theologischen Reste im aufgeklärten Denken (insbesondere in seiner positivistischen Ausprägung) dadurch zu überwinden, dass er die Theologie ein letztes Mal, diesmal aber auf bewusste Art und Weise, in seinen Dienst nimmt.

Horkheimer und Adorno legen in der sechsten These der *Elemente des Antisemitismus*[32] dar, dass der Erkenntnisakt immer ein Element der Projektion enthält, der, wenn im positivistischen Stil verdrängt, in seinen Auswirkungen verstärkt und unkontrollierbar wird. Sie unterscheiden zwischen der bewussten oder *kontrollierten Projektion*, welche durch die Vernunft, die um ihr Abhängigkeitsverhältnis von dieser beim Erfassen der Welt weiß, in

---

31 Die Dynamik der Selbsterhaltung ist in unserer Gesellschaft totalitär, weil sie von den herrschenden Klassen trotz der technischen Möglichkeiten (im emphatischen Sinne), ihre Logik als dominante zu überwinden, als solche *politisch* aufrecht erhalten wird.
32 Horkheimer und Adorno, *Dialektik der Aufklärung*, a.a.O. S. 217-230.

Dienst genommen ist,[33] und der *falschen Projektion*, welche verdrängt und verleugnet ist und damit außerhalb jeder Kontrolle steht.[34] Auf ähnliche Art und Weise kann zwischen theologischen Elementen, die dadurch kontrolliert sind, dass sich die Theorie darüber im klaren ist, ihrer zu bedürfen, und falschen theologischen Elemente unterschieden werden. Letztere werden von der Theorie verleugnet und verdrängt und damit multiplizieren sich ihre irrationalen Effekte und entgehen jeder Kontrolle. Der erste Fall ist derjenige Benjamins und der zweite derjenige des sozialdemokratischen Marxismus und anderer Versionen des Positivismus.

c) Die Rückwärtsorientierung des Engels der Geschichte impliziert auch, dass der Engel sich bewegt, ohne seine Schritte angemessen kontrollieren zu können, er setzt seine Schritte blind und sogar gegen seinen Willen. „Er möchte wohl verweilen […]. Aber ein Sturm weht vom Paradiese her, der sich in seinen Flügel verfangen hat und so stark ist, dass der Engel sie nicht mehr schließen kann. Dieser Sturm treibt ihn unaufhaltsam in die Zukunft, der er den Rücken kehrt".[35] Die Fortbewegung des Engels ist also eine entfremdete Bewegung, eine die er macht, ohne sie kontrollieren zu können. So ist die Situation der gegenwärtigen Welt im durch die kapitalistische Produktionsweise provozierten Zustand: Wir schreiten unaufhaltsam fort, nicht nur wegen des technischen Fortschritts, sondern auch wegen der scheinbar ewigen Notwendigkeit ums Überlegen zu *kämpfen*. Das heißt, wir können nicht nur nicht sehen, wohin wir uns bewegen, sondern auch die Bewegung selbst, unser Handeln, ist ein ungelenkes, jederzeit können wir stolpern und fallen. Nicht sehen zu können, wohin wir uns bewegen, beinhaltet auch, unseren Körper nicht kontrollieren zu können. So wie der Engel seine Flügel nicht schließen kann, um anzuhalten und die Bewegungen zu tun, die er gerne machen würde, so sind wir in dieser Gesellschaft: Äußere Kräfte machen unmöglich, dass wir uns bewegen, wie wir wollten, wir arbeiten immer mehr, aber ohne zu ent-

---

33 Vgl. „Daher vollzieht sich jenes Reflektieren, das Leben der Vernunft, als bewusste Projektion." (Ebd. S. 219)
34 Vgl.: „die in Kontrolle genommene Projektion und ihre Entartung zur falschen" (ebd. S. 218).
35 Walter Benjamin, *Über den Begriff der Geschichte*, a.a.O. These IX, S. 697 f.

scheiden, was wir produzieren, wie wir es benutzen und wer es konsumieren kann. Wir schwimmen mit dem Strom, aber nicht so, wie die Sozialdemokratie dachte, dass uns das automatische Fortschreiten der Geschichte immer mehr dem Sozialismus annähert, und der bloße Umstand, die Füße anzuheben, das heißt zu arbeiten, uns der klassenlosen Gesellschaft immer näher bringt. Es verhält sich vielmehr umgekehrt: Das, was wir Fortschritt nennen, ist genau einer der Faktoren, die uns daran hindern, unsere Schritte, unseren Körper, verstanden nicht nur als individuellen, sondern auch als gesellschaftlichen Körper, das heißt als Gesellschaft, zu kontrollieren. Der technische Fortschritt ist es, der uns ‚hilft', voranzuschreiten, ohne zu wissen wohin, ohne Herr unserer Schritte zu sein.

Das genau ist es, worauf sich Marx in seinem berühmten Text über den Fetischcharakter der Ware und sein Geheimnis im ersten Band des *Kapitals* bezieht, was Georg Lukács und im allgemeinen der westliche Marxismus im Begriff der Ideologie als *notwendig falsches Bewusstsein* aufgreifen. Aufgrund der schlichten Tatsache, dass wir handeln, dass wir etwas tun, dass wir uns bewegen, so wie im Bild des Engels der Geschichte, denken wir, wir seien aktiv, denken wir, dass diese Aktivität uns als freie und unabhängige Wesen konstituiert. Darum können wir, manchmal gar frenetisch, die kapitalistische Produktionsweise feiern. Zugleich, und das ist der Schlüsselpunkt des Geheimnisses der ideologischen Stabilität der herrschenden Gesellschaftsformation, wissen wir, ahnen wir, werden wir gewahr, dass dies das genau Gegenteil der gesellschaftlichen und historischen Wahrheit ist: unsere Schritte sind von unsrem Willen fremden Mächten bestimmt,[36] unser Voranschreiten im Technologischen und Produktiven ist unter den bestehenden Verhältnissen eine Zurückschreiten im Sozialen, in dem Sinne, dass mit jedem neuen Produkt, das wir machten, wir eine weitere Waffe in die Hände unserer Ausbeuter und Unterdrücker gaben. Oder in den Worten Karl Marx': Mit jedem neuen Produkt vergrößern wir das Kapital in den Händen der Produktionsmittelbesitzer und tragen etwas dazu bei, dass sich der Abgrund zwischen

---

36 Nur in diesem Sinne hat das Wort ‚fremd' überhaupt einen Sinn, und nicht in den absurden Verwendungen von Rassisten und zum Teil auch deren naiver Kritiker: Fremdenpolizei, Fremdengesetze, Fremdenhass […].

denjenigen, die ihre Arbeitskraft als ihren einzigen Besitz verkaufen und denjenigen, die immer mehr Produktionsmittel akkumulieren, vergrößert.

Es ist dieser Widerspruch von *Voranschreiten* und *Zurückweichen*, als gleichzeitige Prozesse, der in einzigartiger Weise im Bild vom Engel der Geschichte ausgedrückt wird. Er schreitet voran, aber mit dem Blick zurück und gegen seinen Willen, da er anhalten will. Das heißt, aus der Perspektive des Ortes, an dem er gerne angehalten hätte, entfernt er sich, weicht zurück.

Der Engel der Geschichte, der rückwärts geht und in dessen Flügeln sich der Wind verfängt, ist also die bürgerliche Gesellschaft mit ihrer kapitalistischen Produktionsweise: mit jedem Tritt voran des technologischen, industriellen und organisatorischen (im Sinne einer rein *instrumentellen* Organisierung) *Fortschritts* entfernt sie sich von ihren alten Versprechen der *liberté, égalité, fraternité*. Mit jedem Schritt zementiert sie immer tiefer die Strukturen der Ausbeutung, Unterdrückung und allgegenwärtigen Kontrolle.

d) Aber: warum weht der Sturm vom Paradiese her?

> Aber ein Sturm weht vom Paradiese her, der sich in seinen Flügel verfangen hat und so stark ist, dass der Engel sie nicht mehr schließen kann. Dieser Sturm treibt ihn unaufhaltsam in die Zukunft, der er den Rücken kehrt, während der Trümmerhaufen vor ihm zum Himmel wächst. Das, was wir den Fortschritt nennen, ist *dieser* Sturm.[37]

Der Sturm weht vom Paradies her, weil er uns von ihm entfernt, wie wir in den vorangegangenen Interpretationen sagten. Aber zugleich schließt dieses Bild einen anderen Aspekt ein, der gleich wichtig ist. Dieser andere Aspekt öffnet ein neues Spannungsfeld, das im an Marx geschulten dialektischen Denken Benjamins existiert. Dieser Sturm, dieser Wind, den wir Fortschritt nennen, weht vom Paradies her, nicht nur weil er aus dieser Richtung kommen muss, um uns von diesem zu entfernen, sondern auch deshalb, weil er eine Kraft *des* Paradieses *selbst* ist, die aus ihm hervorkommt, ihren Ursprung in ihm hat. Die Vertreibung aus dem Paradies war nicht das Ergebnis des Akts, die Frucht der Weisheit zu essen, sondern

---

37 Ebd. These IX, S. 697 f.

beide waren ein und das selbe Ereignis. Oder anders gesagt: die Vertreibung aus dem Paradies war das Resultat des Essens der Frucht der Weisheit und zugleich und in gleicher Hinsicht waren der Wunsch und die Notwendigkeit, diese Frucht zu essen, das Ergebnis der Vertreibung aus dem Paradies. Der technische Fortschritt ist seit dem ersten Augenblick an widersprüchlich: Grund unseres Unglücks, sowie Ausdruck und prinzipielle Methode unserer Versuche, es zu überwinden.

Es wäre eine allzu sehr begrenzte Interpretation Walter Benjamins, nicht diesen Widerspruch zu sehen. Benjamin ist nicht schlicht und einfach ein Kritiker des technischen Fortschritts, sondern ein Kritiker des technischen Fortschritts *unter den gegebenen Bedingungen*, das heißt, unter den Bedingungen der kapitalistischen Reproduktionsweise. Auch in diesem Punkt ist seine Position in Marx gegründet, aber mit dem neuen Versuch, ihn zu radikalisieren und die Momente zu überwinden, in denen Marx ungestüm in simple historische Verkürzungen verfällt.[38] Im Kapitel über „Maschinerie und große Industrie" des ersten Bandes des *Kapital* wird Marx nicht müde, die Unterscheidung zwischen *Maschinerie an sich* und *kapitalistisch angewandte Maschinerie* herauszuarbeiten.[39] In seinem Text *Das Kunstwerk im Zeitalter seiner technischen Reproduzierbarkeit*[40] greift Benjamin dieses Motiv auf und wendet es auf die neuen künstlerischen Techniken seiner Epoche, insbesondere das Kino, an. Dieser Essay, ist in der gleichen Phase geschrieben worden wie der Text *Über den Begriff der Geschichte*, das heißt, in der marxistischen Phase Benjamins. Die Stoßrichtung des Textes ist sehr klar, Benjamin versucht das Kino vor seinen

---

38 Vgl. z.B.: „Mit der Entwicklung der großen Industrie wird also unter den Füßen der Bourgeoisie die Grundlage selbst hinweg gezogen, worauf sie produziert und die Produkte sich aneignet. Sie produziert vor allem ihren eigenen Totengräber. Ihr Untergang und der Sieg des Proletariats sind gleich unvermeidlich." (Karl Marx, Friedrich Engels: „Manifest der Kommunistischen Partei". In: Karl Marx, Friedrich Engels, *Werke*, Band 4, Berlin/DDR: Dietz, 1974, S. 459-493, hier: S. 473 f.)

39 Karl Marx, *Das Kapital*, Band I, Berlin/DDR: Dietz, 1968 (Karl Marx, Friedrich Engels, *Werke*, Band 23) Kapitel 13: „Maschinerie und große Industrie", insb. das Unterkapitel 6: „Die Kompensationstheorie bezüglich der durch Maschinerie verdrängten Arbeiter", S. 461-470.

40 Walter Benjamin: „Das Kunstwerk im Zeitalter seiner technischen Reproduzierbarkeit". In: ders., *Gesammelte Schriften*, Vol. I, 2, a.a.O. S. 431-508.

konservativen und vor seinen linken Kritikern zu retten, indem er die technische Fähigkeit des Kinos unterstreicht, die neusten Erfindungen anzuwenden, das heißt, sich dem Fortschritt der Produktivkräfte nicht zu versperren, aber zugleich ist ihm völlig bewusst, dass diese neuen Möglichkeiten unter bestehenden Verhältnissen der ökonomischen kapitalistischen Form sich nicht auf angemessene Art und Weise anwenden lassen.

Wenn diese Dialektik des technischen Fortschritts vergessen wird, der seinerseits Teil dessen ist, das Horkheimer und Adorno als *Dialektik der Aufklärung* begreifen, kann in letzter Instanz nichts von der Radikalität des Denkens Walter Benjamins erfasst werden. Der Sturm des Fortschritts *weht vom Paradiese her*, hat seinen Ursprung dort, ist an sich etwas mit gewissen paradiesischen Kräften, und zugleich ist er das, was uns vom Paradies entfernt, was verhindert, zumindest in den herrschenden Verhältnissen, frei zu handeln und dort anzuhalten, wo es nötig wäre.

Die Unsicherheit, welche dieser Satz vom Sturm im Text von Benjamin provoziert, kommt aus dem diesem Bild inhärenten Widerspruch. Der Sturm verunmöglicht es dem Engel der Geschichte, den Zerschlagenen zu helfen, er treibt ihn davon, doch er kommt vom Paradies. Die Erklärungen, die wir am Anfang dieses ontologischen Teils gegeben haben, sind nur richtig, wenn sie im Kontext dieser letzten, die ihr Gegenstück ist, verstanden werden. Die Kraft dieses Sturmes ist *nicht* derjenige Fortschritt, wie ihn naiver Weise die Sozialdemokratie – und auch der Stalinismus – verstanden haben. Aber er ist auch nicht die rein destruktive Kraft, die uns vom verlorenen Paradies entfernt, zu dem bloß zurück gekehrt werden müsste, den Befreiungen abschwörend, die – trotz allem – die Menschheit erreicht hat, so wie gewisse Konservative und selbstredend alle Gruppen der unterschiedlichsten nationalistischen, rassistischen und religiösen Fanatismen, die heute so großen Aufschwung haben, sagen würden.

Die ideologische Kraft des Nationalsozialismus war gerade diejenige, in diesem Widerspruch zu tändeln und sich behende in ihm zu bewegen. Darum hilft es nichts, sich, wie es die Sozialdemokratie tat und tut, bloß auf den reaktionären Aspekt der extreme Rechten zu konzentrieren. Es muss zugleich – darauf beharrt Benjamin in den politischen Aspekten des Textes *Über den Begriff der Geschichte* – das dem technologischen und organisatorischen Fortschritt zugewandte Gesicht des *Modernisierer*, das der Nationalsozialismus hatte und im Ansatz ähnliche zeitgenössische Bewegungen haben, gesehen werden.

Zum Dritten: der politische Aspekt

a) Der Engel der Geschichte schaut zurück, denn so ist die authentische revolutionäre Aktion. Sie wartet nicht auf den Augenblick in welchem die ‚objektiven Bedingungen gegeben sind' um diesen oder jenen Effekt zu haben, sie wartet nicht darauf, dass es das Publikum (genannt ‚die Massenbasis') gibt, das den frenetischen Applaus garantiert, sie wartet nicht bis es die Gewissheit gibt, in die Annalen der späteren Geschichte als Helden und zudem *gewinnende Helden* einzugehen. Die revolutionäre Aktion, so wie sie bis heute war, und wie sie Benjamin begreift, ist vielmehr eine Unterbrechung der leeren Zeit, die blind und homogen vorangeht. In diesem blinden und homogenen Voranschreiten gibt es *keinen* vorherbestimmten Moment für die Revolution, es gibt keinen Platz im Theater der Geschichte mit einem Metallplättchen auf dem steht: *Reserviert für die Revolution*. Die Revolution ist nicht ein Schritt mehr in diesem scheinbar automatischen Voranschreiten der Zeit, sondern sie ist etwas außerhalb dieser totalitären Normalität, welche die Zeit in ihrer heute vorherrschenden Konzeption ist. Die Revolutionen sind nicht die *logische Konsequenz* von vorhergegangenen Momenten oder Phasen der Geschichte, die sich nur durch ihren Inhalt unterscheiden, sondern sie unterscheiden sich auch radikal durch ihre Form: die Revolutionen verlassen die Logik der Zeit als lineare, homogene und in Richtung Zukunft orientierte. Sie sind die *Nicht-Momente* der Geschichte, sie sind diejenigen, die nicht in die *geschichtliche Logik* passen und sie unterbrechen.

Aber die Revolutionen stehen nicht außerhalb der Geschichte, sondern stehen nur außerhalb ihrer auf die Zukunft ausgerichteten Logik, außerhalb ihres Voranschreitens *trotz allem*, mit der Fixierung auf die Unmöglichkeit nicht voranzuschreiten, das heißt, aus allem herauszutreten, alles radikal in Frage zu stellen. Die Revolutionen sind der Augenblick, in dem Einige entscheiden, sich nicht von der vorgeblichen Unmöglichkeit beeindrucken zu lassen, die gigantische Maschinerie anzuhalten, zu der wir alle – ob wir wollen oder nicht – gehören. Sie sind der Moment, in dem wir uns plötzlich der menschlichen Freiheit erinnern konnten, die in der Zeit verloren ist, welche wie eine Schweizer Uhr vorangeht und uns niemals, und sei es nur für einen Augenblick, weder sehen, noch denken, noch zweifeln lässt, denn *the show must go on*.

Sodann ist das Verhältnis, welches die Revolutionen mit der Geschichte haben, notwendigerweise ein Verhältnis mit der Vergangenheit. Die Logik der Fixierung auf die Zukunft verlassend, bleibt ihnen keine andere Option übrig, als sich auf die Vergangenheit auszurichten, und zugleich stellen sie die Möglichkeit wieder her, anzuhalten, sich nicht von den ‚Sachzwängen' dahin tragen zu lassen, nicht an den Mythos der Unmöglichkeit auch nur für einen einzigen Augenblick stillzustehen zu glauben, nicht in die Falle der vorgeblich ewigen Notwendigkeit so vieler ‚Schlussstriche' zu gehen, welche die Mächtigen einfordern, um uns der Toten, der Verletzten, der Erniedrigten und der dafür Verantwortlichen vergessen zu machen.

Darum schaut der Engel der Geschichte zurück: er ist die Revolution die *nur* mit der Vergangenheit in Verbindung treten *kann* und die zugleich sich die Freiheit wiedergenommen hat, die Hand den Unterdrückten, den Toten, den Vergessenen aller Zeiten zu geben.

b) Doch: Was ist eine Revolution? Die Revolutionen sind nicht nur diejenigen Ereignisse, die später in der Geschichte als solche registriert werden, weil sie auf die ein oder andere Weise es schafften, etwas aufzuzwingen und ein neues gesellschaftliches System zu errichten. Die Revolutionen oder revolutionären Akte sind jeder noch so kurz gelungene Versuch, die Maschinerie anzuhalten, die scheinbar unaufhaltbar mit dem Rhythmus der Uhren funktioniert und uns gewaltsam vom Jetzt wegtreibt, das so immer nur als Vergangenheit für uns augenfällig wird. Daher spricht Benjamin auch von einer „revolutionären Chance im Kampfe für die unterdrückte Vergangenheit."[41]

Die ‚große' Idee der Revolutionen tendiert dazu, uns von dem wirklichen Verständnis der Revolutionen zu entfernen. Es werden nachträglich nur diejenigen idealisiert, denen es gelungen ist, sich *positiv* setzend der

---

41 Walter Benjamin, *Über den Begriff der Geschichte*, a.a.O. These XVII, S. 703.

Gesellschaft aufzuzwingen und es wird danach dieser Erfolg als etwas von Anfang an sicher Gegebenes rekonstruiert. Das hat eine doppelte Auswirkung: Auf der einen Seite entfernt uns diese mystifizierte Idee der Revolutionen von der Möglichkeit, selbst eine zu machen, da wir uns nicht vorstellen können, dass gerade wir diejenigen sind, denen es ‚zufällt' eines dieser großen Ereignisse, die vorgeblich die Welt für immer verändern, zu bewerkstelligen. Wir wissen intuitiv, dass unsere *messianische Kraft*, wie Benjamin sagt, *schwach* ist, und da man uns mit der mystifizierten Idee der Revolution, lehrte, dass ihre Akteure Helden mit einer sehr großen messianischen Kraft sind, so sehen wir uns nicht imstande mit ihnen wettzueifern. Auf der anderen Seite verleugnet die Mystifizierung der Revolutionen ihre dunklen, zu kritisierenden Seiten und verabsolutiert sie zugleich als etwas unübertreffbares. Wenn die großen Revolutionäre von früher diese Revolution nicht zuwege bringen konnten, ohne Handlungen, die uns noch bis heute das Blut in den Venen erstarren lässt; wie könnten wir dann, die wir vorgeblich wesentlich weniger prädestiniert sind, Revolutionäre zu sein, es wagen, sie zu kritisieren oder uns gar vorzustellen, eine andere, weniger abstoßende Revolution zu machen?[42]

Ein revolutionärer Akt wäre also derjenige, dem es gelingt, das *Kontinuum* der Geschichte, und sei es für einen Augenblick, zu unterbrechen, für einen Moment die Zeit anzuhalten, das Voranschreiten der Dinge, die uns als von uns unabhängige entgegentreten. Oder um es in der Sprache Marxens in seinem Moment größter Kraft der Kritik zu sagen: die revolutionären Akte wären also diejenigen, denen es plötzlich gelingt, den Fetischismus unserer Produkte aufzulösen, die sich uns als uns fremde Kräfte darstellen.

Der Blick zurück des Engels der Geschichte ist somit zugleich ein scheuer Blick, nach unten gewandt, zum Kleinen, fast Unsichtbaren, denn nur so erkennt er diejenigen revolutionären Akte, die aus der heutigen Perspektive klein sind, der Erde näher als dem Himmel.

---

42 Zur Unterscheidung von *Mythos* und *Begriff* der Revolution, siehe auch: Bolívar Echeverría: „Postmoderne und Zynismus. Revolution, Nation und Demokratie – die drei Mythen der Moderne". Übers. Stefan Gandler. In: *Die Beute. Politik und Verbrechen*. Berlin, Herbst 1996, Jg. 3, Nr. 11, S. 80-94.

c) In Bezug auf Marx in Augenblicken naiven historischen Optimismus notiert Benjamin in einer seiner vorläufigen Notizen zu den Thesen über den Begriff der Geschichte:

> Marx sagt, die Revolutionen sind die Lokomotive der Weltgeschichte. Aber vielleicht ist dem gänzlich anders. Vielleicht sind die Revolutionen der Griff des in diesem Zuge reisenden Menschengeschlechts nach der Notbremse.[43]

Um diese Satz in seinem wahren Gehalt und Gewicht zu verstehen, müssen die Jahre in Betracht gezogen werden, in denen Benjamin diesen Text geschrieben hat, sowie die die unmittelbar darauf folgenden so wie auch dieser ganze Text von Walter Benjamin nicht im entferntesten verstanden werden kann, wenn die Geschichte des Nationalsozialismus und des Faschismus, und noch weniger, wenn die Geschichte der Vernichtung der europäischen Juden nicht gekannt und als *der* Zivilisationsbruch begriffen wird.[44]

Das Bild der Notbremse, die den Zug anhalten müsste, ist mehr als ein Bild, das der Philosoph benutzt, um seine Ideen dem interessierten Publikum zu Gemüte zu bringen. *Es ist die Realität selbst.* Als der Autor dieser Zeilen den oben zitierten Satz mit Claude Lanzmann diskutierte, antwortete dieser spontan in dem Sinn, dass er sich auf die Vernichtung der europäischen Juden beziehe.[45] Die Notbremse wäre nach dieser Interpretation nicht irgendeine Notbremse in irgendeinem Zug, sondern vielmehr die Notbremse in einem Zug auf dem Weg nach Auschwitz, Sobibor, Treblinka oder ein anderes der nationalsozialistischen Vernichtungslager.

Aber diese Züge hatten keine Notbremse. Sie fuhren *pünktlich* in Richtung auf ihr Ziel voran. Die Vernichtung der europäischen Juden fällt

---

43 Walter Benjamin, „Anmerkungen zu den Thesen über den Begriff der Geschichte." In: ders., *Gesammelte Schriften*, Hrsg. von Rolf Tiedemann und Hermann Schweppenhäuser, Band I.3, Frankfurt am Main: Suhrkamp, 1980, S. 1232.
44 Benjamin besteht auf der Notwendigkeit die nachfolgende Geschichte zu kennen, um ein historisches Ereignis verstehen zu können: „Fustel de Coulanges empfiehlt dem Historiker, wolle er eine Epoche nacherleben, so solle er alles, was er vom spätern Verlauf der Geschichte wisse, sich aus dem Kopf schlagen. Besser ist das Verfahren nicht zu kennzeichnen, mit dem der historische Materialismus gebrochen hat." (Walter Benjamin, *Über den Begriff der Geschichte*, a.a.O. These VII, S. 696.)
45 Gespräch des Autors mit Claude Lanzmann, Frankfurt am Main, 14. Januar 2002.

nicht aus dem Fahrplan der Geschichte heraus, sondern war gerade das Resultat unserer Unfähigkeit, sie zu unterbrechen:

> Die Tradition der Unterdrückten belehrt uns darüber, dass der ›Ausnahmezustand‹, in dem wir leben, die Regel ist. Wir müssen zu einem Begriff der Geschichte kommen, der dem entspricht. Dann wird uns als unsere Aufgabe die Herbeiführung des wirklichen Ausnahmezustandes vor Augen stehen; und dadurch wird unserer Position im Kampf gegen den Faschismus sich verbessern. Dessen Chance besteht nicht zuletzt darin, dass die Gegner ihm im Namen des Fortschritts als einer historischen Norm begegnen. – Das Staunen darüber, dass die Dinge, die wir erleben, im zwanzigsten Jahrhundert ›noch‹ möglich sind, ist *kein* philosophisches. Es steht nicht am Anfang einer Erkenntnis, es sei denn der, dass die Vorstellung von Geschichte, aus der es stammt, nicht zu halten ist.[46]

Wenn es jemanden gelungen wäre, die Züge nach Auschwitz, Treblinka und Sobibor aufzuhalten, so wäre sein Akt ein revolutionärer gewesen. Einen einzigen Zug voller Menschen auf dem Weg in die sofortige Vernichtung anzuhalten wäre revolutionärer gewesen, als die Akte Robespierres und Dantons zusammen. Möglicherweise würden wenige heute von diesem Akt sprechen, aber das ändert nichts an der Sache.

Darum schaut der Engel der Geschichte zurück, weil diese revolutionären Akte darauf ausgerichtet sind, *die Maschinerie zu stoppen*, die Zeit anzuhalten, den Fortschritt, der in seiner Blindheit und Leere der ‚natürliche' Verbündete der Unterdrücker und Völkermörder ist, zu unterbrechen.

d) Doch diese revolutionären Akte sind keine, die gefeiert werden können. Der Engel der Geschichte kann seinen Blick, der den Toten gilt, nicht nach oben richten und sich mit einem Gestus des Heroismus' und einem Feierakt dem Sonnenaufgang zuwenden. Diese revolutionären Akte sind keine, die gefeiert werden können, nicht nur wegen ihrer offensichtlichen *Schwäche*, da sie nur einen kleinen Teil der Maschinerie anhalten konnten, sondern auch, weil es *negative* revolutionäre Akte sind. Ihr einziges Ziel ist es, den Zug anzuhalten, der direkt in den Tod fährt. Aber es brausen keine neuen Züge los zu Orten voller Glück.

---

46 Walter Benjamin, *Über den Begriff der Geschichte*, a.a.O. These VIII (gesamt), S. 697.

Wenn Walter Benjamin von der Notwendigkeit spricht, „die Geschichte gegen den Strich zu bürsten",[47] bezieht er sich auch darauf: um den Begriff der Revolution zu verstehen, den er einführt, muss auch die Geschichte der Revolutionen gegen den Strich gebürstet werden. Wer die Revolutionen nur von den großen gewonnenen Schlachten aus sieht, versteht nichts von der wahren Geschichte der Rebellionen und revolutionären Akten. Es ist möglicherweise genau diese falsche heroisierende Konzeption von Revolution, die uns heute so sehr von ihrer *Möglichkeit, Notwendigkeit und Wirklichkeit* entfernt.

Der Blick zurück des Engels der Geschichte, voller Angst und Traurigkeit, ist demnach zugleich Quelle der Hoffnung: wenn sogar der *Engel* der Geschichte nicht, die Augen voller Sicherheit zu siegen, festen Schrittes voranschreitet, warum werden wir dann nach soviel Sicherheit verlangen, nach so vielen *objektiv gegebenen Bedingungen*, um zu wagen, das Kontinuum zu unterbrechen? Der Antiheld von Brecht, der es ermöglicht zu verstehen, dass auch wir hier unten etwas machen können, ist im zurück gewandten Engel der Geschichte präsent.

e) Sich zurück zu orientieren, könnte auch als Apologie des Traditionalismus verstanden werden. Was aber im Bild des zurück schauenden Engels der Geschichte steckt, ist die genau umgekehrte Idee. Benjamin hält es für revolutionäre Notwendigkeit jeder Epoche, zu versuchen, „die Überlieferung von neuem dem Konformismus abzugewinnen, der im Begriff steht, sie zu überwältigen."[48]. Es handelt sich dabei nicht nur um die „Tradition der Unterdrückten"[49], sondern die Tradition in ihrer Totalität. Die Linke hat im Laufe ihrer Geschichte wiederholt den Fehler begangen, *Tradition* mit *Traditionalismus* gleichzusetzen und zu verwechseln. Dieser Fehler steht in direktem Zusammenhang mit der Vorstellung eines Fortschritts in der Geschichte, deren ‚natürlicher' Verbündeter die Linke sei. Alles, was zurück und liegen geblieben ist, muss nach dieser Logik überwunden werden und die *fortschrittlichen* Akteure müssen sich davon distanzieren. Benjamin, der diese Vorstellung wie auch die einer linearen

---

47 Ebd. These VII, S. 697.
48 Ebd. These VI, S. 695.
49 Ebd. These VIII, S. 697.

Zeit kritisiert, nimmt diese Ineinssetzung von Tradition und Traditionalismus nicht hin, bei der sich die Linke, Konservative, Rechte und selbstredend auch die so genannte politische Mitte mehr ähneln, als ihnen lieb sein kann zu akzeptieren.

Die Linke geht in ihren positivistischen Versionen (die reformistische und die stalinistische), gleich wie die bürgerlichen Tendenzen, von der Vorstellung aus, dass die Tradition immer auf Seiten der Konservativen und Rechten sei. Wenn gewisse linke Gruppen versuchen, Aspekte der lokalen Tradition in ihre Programme aufzunehmen, so tun sie es in aller Regel nicht mit der Idee, damit ihre politische Position zu radikalisieren, sondern, als eine taktische Annäherung an rechte oder konservative Positionen.

Es ist innerhalb einer fortschrittsgläubigen und ökonomistischen Ideologie undenkbar, dass in der bestehenden Tradition auch ein subversives und rebellisches Moment enthalten ist, und zwar nicht nur in der „Tradition der Unterdrückten", sondern auch in den Traditionen, die bemüht waren, ein gutes Leben zu garantieren und menschliche Fähigkeiten und Bedürfnisse jenseits der unmittelbaren ökonomischen Zwänge zu entwickeln. Es ist für die positivistische Linke als für die Konservativen undenkbar, dass genau das, was den technologischen, organisatorischen und ökonomischen Fortschritt *bremst*, förderlich für ein revolutionäres Projekt sein könnte. Darum hat die Linke fast immer gravierende Probleme gehabt, wenn es darum ging, Forderungen *minoritärer* Gruppen zu verstehen oder gar zu unterstützen,[50] da diese im allgemeinen eine Schleife mehr im Flussbett des nationalen Fortschritts darstellen. Die Beispiele hierfür sind ohne Zahl, doch ist hier bloß an die Probleme zu erinnern, welche die Sandinisten in Nicaragua damit hatten, Forderungen der indigenen Gruppen zu akzeptieren, von denen sodann mehrere als Verbündete der Kontra endeten. In Mexiko war erst das Auftreten der Neozapatisten notwendig, um ein – immer noch begrenztes – Bewusstsein innerhalb der Linken entstehen zu lassen, dass der Kampf für eine Gesellschaft ohne Repression und Ausbeutung, zugleich der Kampf sein könnte um

---

50 Dies bezieht sich selbstredend auch auf Gruppen, die numerisch keine Minderheiten sind, doch es im Hinblick auf die politische und ökonomische Macht durchaus sind, siehe z.B. den Fall des Patriarchats und denjenigen der Apartheid.

die Anerkennung der Traditionen, die nicht unter das klassische Konzept des ‚Mexikaners' oder der ‚Mexikanerin' subsumierbar sind, wie es innerhalb eines progressistischen Impulses in den letzten zwei Jahrhunderten etabliert wurde.

Die Neozapatisten sind vermutlich mit die Ersten, die versuchen, *offen* diese beiden Aspekte zu vereinigen: auf der einen Seite, die Verteidigung der Tradition, die immer in Gefahr ist, von der Tendenz der kapitalistischen Produktionsweise die Differenzen zu zerstören, die nicht in ihre Gleichheitserklärung für alle Waren, und damit für alle, die sich auf bloße Produzenten derselben reduzieren lassen, passen. Auf der anderen Seite versucht diese Gruppierung, die alten emanzipatorischen Ideale einer gerechten, egalitären usw. Gesellschaft, aufzugreifen.

Die ewigen Diskussionen über die Frage, ob den Forderungen nach *Gleichheit* oder denen nach *Differenz* der Vorrang zu geben ist, die seit einigen Jahren zu beobachten sind, sind nur möglich aufgrund dieses falschen Widerspruchs, der im herrschenden Denken zwischen Tradition und Emanzipation konstruiert wird. Alle heute Mode gewordenen Beteuerungen, gegen Fortschrittsgläubigkeit und Ökonomismus zu sein, sind nutzlos, wenn nicht bis zur Frage der Überlieferung, als einer die „versucht werden (muss), dem Konformismus abzugewinnen",[51] vorgedrungen wird.

Die Tradition auf eine nicht folkloristische Weise wieder aufzunehmen, könnte das sein, was Walter Benjamin den „Tigersprung ins Vergangene" nennt[52], doch dieser Sprung bedeutet nicht, sich von der Möglichkeit einer radikal von der existierenden Gesellschaft und ihren repressiven und destruktiven Strukturen unterschiedenen zu verabschieden, sondern dieser „Sprung [...] ist der dialektische als den Marx die Revolution begriffen hat."[53] Revolutionär sein schlösse demnach die Fähigkeit mit ein, die vergangenen Generationen zu sehen und von ihnen zu lernen. Die simple Fixierung auf die vorgeblichen ‚Modernisierungen' und ‚Fortschritte' verschließt uns hingegen den Zugang zu diesem Tigersprung. Die Rezepte der reformistischen und stalinistischen Linken in den Exko-

---

51 Ebd. These VI, S. 695. Zum Problem 'Gleichheit' versus 'Differenz' siehe Kapitel 5: „Moderne und Identität – Aktualität der sozialphilosophischen Diskussion".
52 Walter Benjamin, *Über den Begriff der Geschichte*, a.a.O. These XIV, S. 701.
53 Ebd.

lonien, zuerst die *Reste* der traditionellen Gesellschaften zu *überwinden*, das heißt, eine Ähnlichkeit mit den Gesellschaften des Zentrums anzustreben, als Vorbedingung um ins Projekt einer radikal weniger abstoßenden Gesellschaft eintreten zu können, gründen sich auf diese falsche Konzeption der Rolle der Traditionen. Die Neozapatisten sind vielleicht die Gruppierung die mit der größten Klarheit die Notwendigkeit dieses Tigersprungs in die Vergangenheit sieht und es kommt nicht von ungefähr, dass sie es vom letzten Winkel Mexikos aus tun, anscheinend vom Ort aus, der dieser weniger repressiven Gesellschaft am weitesten entfernt ist.

Die Theorie der vier Ethen der kapitalistischen Moderne von Bolívar Echeverría, und insbesondere seine Untersuchung des barocken Ethos als einen *modernen* und *nicht* vormodernen, könnte einen der wenigen ernsthaften theoretischen Versuche darstellen, denen es heute gelingt, diese Analyse von Walter Benjamin fortzuführen, die – obwohl sie beständig zitiert wird – in der aktuellen sozialphilosophischen Debatte weitgehend marginalisiert ist. Die Konzeption des barocken Ethos, als demjenigen, der eine „konfliktive Kombination aus Konservatismus und Nonkonformität"[54] enthält, könnte einer der Schlüssel sein, um den Typus der Moderne, der in Mexiko existiert, nicht als eine *zurückgebliebene*, sondern als eine *andere* Moderne zu verstehen, die möglicherweise in einigen Aspekten interessanter für das Projekt einer weniger repressiven, ausbeuterischen und abstoßenden Gesellschaft ist, als die Modernen der *Ersten Welt*, welche die Partei- und Offiziallinke (bzw. das, was von ihr geblieben ist), ebenso wie die Konservativen Mexikos und anderer Länder der *Dritten Welt* naiver Weise kopieren wollen.

f) Der Engel der Geschichte schaut zurück, denn sonst könnte ihm in den Rücken gefallen werden.

---

54 Bolívar Echeverría, „El *Ethos* Barroco", in: ders. (Hrsg.), *Modernidad, mestizaje cultural, ethos barroco*. México, D.F.: UNAM und El Equilibrista, 1994, S. 13-36, hier: S. 26. Vgl. zu Echeverrías Ethostheorie auch: Stefan Gandler, „B. Echeverría – Gebrauchswert und Ethos", in: ders., *Peripherer Marxismus. Kritische Theorie in Mexiko*. Hamburg/Berlin, 1999, S. 200-351.

Der Engel der Geschichte ist, wenn wir in als Repräsentanten der Menschheit in ihrer eigene Geschichte verstehen, in permanenter Gefahr. Viele der Politiker der reformistischen Linken dachten, dass es ausreicht, nach vorne zu rennen, um eine freiere Welt zu konstruieren, aber sie vergaßen das, was jeder Cowboy des Wilden Westens weiß: man muss sich den Rücken decken. Auch die Geschichte hat einen Rücken, hat ihre dunklen und Kehrseiten. In der progressistischen Ideologie hat die Idee, dass diese dunklen Seiten irgend eine Bedeutung haben könnten, keinen Platz. Und dieser Fehler der reformistischen Linken der Epoche Walter Benjamins wiederholt sich heute.

Es wurde gedacht, dass die Ideologie, die als *zurückgeblieben* betrachtet wurden: der Rassismus, der Antisemitismus, der Bellizismus, der Chauvinismus durch den bloßen *historischen Fortschritt* überwunden würden. Der schlichte Umstand, dass die Uhren und die Kalender vorwärts rücken, die Technologien immer mehr erneuert und entwickelt werden, sowie dass die Staatsverbände immer größere Gebiete umfassen, schien und scheint ihnen Garantie genug, dass diese Ideologien und ihre zugehörigen Praktiken nichts weiter seien als *Reste* der schlechten alten Zeiten. Die reformistische Linke neigt sogar dazu, die am meisten abstoßenden kapitalistischen Ausbeutungsformen, beispielsweise in gewissen Zonen der so genannten Dritten Welt, als ‚feudale Formen' zu bezeichnen. Implizit gab und gibt es die Idee, dass der Kapitalismus und die bürgerliche Gesellschaft *an sich* ein *historischer Fortschritt seien*. Sie sahen nicht, was die Frankfurter Schule die *Dialektik der Aufklärung* nennt. Sie begriffen nicht, dass die in dieser Gesellschaft begangenen Grausamkeiten *nicht Reste von etwas hässlichem Vorausgegangenen sind*, die in dem Moment verschwänden, wenn nur die bürgerliche Gesellschaft auf der ganzen Welt, in jedem Winkel und zu jedem Augenblick präsent wäre, sondern, sondern etwas, das wesentlicher Bestandteil dieser Gesellschaft ist.

Dieser Fehler konnte aus politischen Gründen begangen werden, und hatte sein Pendant in einer begrenzten und sehr selektiven Marxlektüre. Der Trierer ist im erwähnten Punkt widersprüchlich, aber die positivistische Linke, das heißt, die Sozialdemokratie und die Stalinisten, wollten diesen Widerspruch Marxens nicht sehen, da sie mehr die politische Nützlichkeit seiner Theorie Interessierte. Aber eine allzu komplizierte und widersprüchliche Theorie taugt nicht dazu, Massen zu mobilisieren und weniger noch, sie durch die Chefs und Demagogen der Parteien zu indoktrinieren.

Sie wollten die Massen hinter sich vereinigen mit den Methoden, die sie vom Krieg kannten: mit Schreien, die die Kämpfer in jedem Augenblick davon überzeugen, dass sie gewinnen werden, und dass der Tod den anderen gelte, und der Ruhm, der Sieg und die Beute für sie selbst bestimmt sei. Die Ideologie des Fortschritts als notwendigen und unvermeidbaren, des Sozialismus als *logische* Konsequenz des vorherbestimmten Geschichtsverlaufs, war in letzter Instanz nichts anderes als dieses Kriegsgeschrei. Und genau das war einer der Gründe, warum so leicht ein großer Teil der Mitglieder der sozialdemokratischen Partei und der kommunistischen Partei Deutschlands und vieler anderer Länder Europas, diese verließen, um sich in den Parteien der extremen Rechten einzutragen, als ihr Aufstieg begann. *Sie wollten bei den Siegern sein*, gerade so, wie es ihnen die Politiker der reformistischen und stalinistischen Linke seit Jahren gelehrt hatten.

Aber: sie lernten nicht, sich den Rücken zu decken. Sie dachten, dass *hinter* ihnen, all das, was sie als zurückgeblieben, vergangen betrachteten, ganz von selbst fallen würde. Darum gab es angesichts des Nationalsozialismus, und gibt es bis heute, soviel „Staunen darüber, dass die Dinge, die wir erleben, im zwanzigsten Jahrhundert ›noch‹ möglich sind".[55] Aber, dieses Staunen „ist *kein* philosophisches. Es steht nicht am Anfang einer Erkenntnis, es sei denn der, dass die Vorstellung von Geschichte, aus der es stammt, nicht zu halten ist."[56] Sie dachten nicht, dass ›hinter‹ ihnen etwas gedeihen könnte, das sich nicht von selbst durch den bloßen Fortgang der Zeit oder Geschichte auflöst.

Ihre Fixierung auf das Kriegsgeschrei, das heißt, die endlosen Diskurse von der Zukunft, die es zu erringen gelte, von den Kämpfen, die für eine bessere Zukunft der Kinder geführt werden müssen (lies: um später von ihnen und allen nachfolgenden Generationen gefeiert zu werden, so wie heute die Französische Revolution, die Unabhängigkeit der Vereinigten Staaten etc. gefeiert werden), lag vor allem in der *Angst* begründet. Oder,

---

55 Walter Benjamin, *Über den Begriff der Geschichte*, a.a.O. These VIII, S. 697.
56 Ebd.

wie auch die anderen Autoren der Frankfurter Schule sagen würden, dieses Kriegsgeschrei lag begründet in der politischen Unfähigkeit, die Logik der Selbsterhaltung zu verlassen, obwohl wir uns in ökonomischer Hinsicht bereits seit den zwanziger Jahren des zwanzigsten Jahrhunderts von ihr unabhängig machen könnten. Dieses Kriegsgeheul war die Fortschrittsideologie, und in letzter Instanz ist es auch das blinde Vertrauen in die Zeit als etwas mit dem Vorangehen der Uhren Identischem, als etwas Homogenes, Lineares, Stetiges und Leeres. Diese Ideologien und diese politischen Praktiken stützen sich auf das *Fehlen* einer anderen Dynamik, die uns zum Handeln bringen könnte.

Darum insistiert Walter Benjamin auf den messianischen Aspekt, immer mit der Idee, dass *uns* „eine *schwache* messianische Kraft mitgegeben (ist)".[57] Das Ausbleiben dieses Bewusstseins führt mit einer gewissen Notwendigkeit zu dem erwähnten *Kriegsgeschrei* des Progressismus, Historizismus und des Glaubens in den Gott Kronos. Benjamin weiß um den nicht planbaren, nicht vorhersehbaren Augenblick jeder Revolution. Es ist dies zudem eine der größten Stärken der Unterdrückten, viel weniger der Planung zu bedürfen als die Unterdrücker, denen es nur mit einer gewissen *Planung* gelingt, die Welt zu unterjochen. Daher haben die Unterdrückten eine gewisse *momentane* Freiheit, im überraschenden Augenblick des Beginns einer Rebellion oder Revolution. Es ist diese Stärke der Unterdrückten, welche die Linke positivistischer Couleur erledigt, wenn sie alles, das heißt auch die Revolutionen und Rebellionen, einverleiben und voraussehbar machen will in ihrer leeren Begrifflichkeit der Geschichte und der Zeit als lineare und homogene.

Aber woher kann dann die revolutionäre Dynamik kommen, wenn nicht aus dem Kriegsgeschrei, welches die Fixierung auf die Zukunft und die Idee „*sie* schwimme mit dem Strom"[58] ist? In der These XII, die wohl in politischer Hinsicht eine der stärksten ist, schreibt Benjamin dazu:

> Das Subjekt historischer Erkenntnis ist die kämpfende, unterdrückte Klasse selbst. Bei Marx tritt sie als die letzte geknechtete, als die rächende Klasse auf, die das Werk der Befreiung im Namen Generationen Geschlagener zu Ende führt. Dieses Bewusstsein, das für kurze Zeit im ›Spartacus‹ noch einmal zur Geltung gekom-

---

57 Ebd. These II, S. 694.
58 Ebd. These XI, S. 698.

men ist, war der Sozialdemokratie von jeher anstößig. Im Laufe von drei Jahrzehnten gelang es ihr, den Namen eines Blanqui fast auszulöschen, dessen Erzklang das vorige Jahrhundert erschüttert hat. Sie gefiel sich darin, der Arbeiterklasse die Rolle einer Erlöserin *künftiger* Generationen zuzuspielen. Sie durchschnitt ihr damit die Sehne der besten Kraft. Die Klasse verlernte in dieser Schule gleich sehr den Hass wie den Opferwillen. Denn beide nähren sich an dem Bild der geknechteten Vorfahren, nicht am Ideal der befreiten Enkel.[59]

Das einzige, was uns dazu bringen kann, *wirklich* zu kämpfen, nicht so wie Krieger oder Söldner, die jeden Augenblick die Seite wechseln können, wenn die andere stärker erscheint, ist das „Bild der geknechteten Vorfahren". Es ist das Bild von etwas Realem, etwas, das wirklich geschehen ist, wohingegen das, was die Sozialdemokratie anträgt etwas rein gedachtes, ideelles ist: das „Ideal der befreiten Enkel". Im Augenblick, da dieses Ideal, oder die Möglichkeit, es mittelfristig zu verwirklichen, in Zweifel gerät, hört der Kampf wie von selbst auf, so wie es bei mehr als einer Gelegenheit in der Geschichte passiert ist, mit dem unvergesslichen Beispiel der Rolle, welche die deutsche Sozialdemokratie zu Beginn des Nationalsozialismus spielte, als ihre Abgeordneten im Reichstag am 17. Mai 1933 – eine Woche nach den Bücherverbrennungen – dem außenpolitischen Programm der nationalsozialistischen Regierung zustimmten. Am 19. Juni des gleichen Jahres schloss der Vorstand der SPD die jüdischen Vorstandsmitglieder aus; drei Tage später wurde die Partei nichtsdestotrotz verboten.

Darum schaut der Engel der Geschichte zurück: weil nur aus der *Erinnerung* der Unterdrückungen und Erniedrigungen der Vergangenheit, sowie aus den alten Hoffnungen und des ein oder anderen revolutionären Versuchs eine politische Kraft gezogen werden kann, die sich nicht so ohne weiteres unterkriegen lässt, wie es mit unglaublicher Regelmäßigkeit der reformistischen Linken geschah. Anders gesagt: er schaut zurück, weil *die Vergangenheit nicht vergangen ist*, alle Grausamkeiten der Vergangenheit, die wir meinen, überwunden zu haben, können in jedem Moment auf eine Art und Weise wiederkehren, die wir uns nicht vorzustellen vermögen. Die Kraft, die wir im politischen Kampf haben, wird nicht diejenige sein, die uns mit Sicherheit zu neuen Ufern voller Glück-

---

59 Ebd. These XII (gesamt), S. 700.

seligkeit bringen wird, sondern eine, die von der Erinnerung ausgehend versucht, zu verhindern, dass das was geschah und nur *scheinbar* verschwunden oder überwunden ist sich ›wiederhole‹ – und jedes Mal könnte es schrecklicher sein als zuvor, denn die technischen Möglichkeiten schreiten nicht nur für eine produktive und befreiende, sondern auch für eine destruktive und unterdrückerische Anwendung voran.

3. Das Problem des Staates Marcuses Hegel-Lektüre

In den vierziger und fünfziger Jahren des zwanzigsten Jahrhunderts, den letzten Jahren der militärischen Existenz des Nationalsozialismus und den ersten der postfaschistischen Phase Deutschlands, kam in einem wichtigen Teil der Gesellschaftswissenschaftler der Vereinigten Staaten eine sehr verbreitete Überzeugung zum tragen. Sie bestand in der Erklärung der theoretischen und philosophischen Wurzeln des Nationalsozialismus und seiner Doktrin. Im Gegensatz zu Autoren wie Lukács, die diesen philosophischen Ursprung in einer gewissen irrationalen Traditionslinie innerhalb der deutschen Philosophie suchten, wurde in den Vereinigten Staaten von der Einschätzung ausgegangen, dass der objektive Idealismus Hegels, insbesondere seine Staatsphilosophie, die wichtigste ideologische Grundlage des Nationalsozialismus gewesen sei. Ein sehr starker Vernunftbegriff, und mehr noch die Hegelsche Idee eines starken Staates, schienen diese Hypothese eindeutig zu stützen.

Herbert Marcuse, exiliert in den Vereinigten Staaten, wo er bis ans Ende seiner Tage lebte und arbeitete, musste sich kontinuierlich mit dieser Überzeugung auseinandersetzen, welche von der Mehrheit seiner Universitätskollegen vertreten wurde. Diese theoretische Hypothese koinzidierte zudem mit der allgemeinen Atmosphäre und dem politischen Kontext, in dem der Antikommunismus immer handfester wurde und der Kalte Krieg zunehmend Gestalt annahm. Hegel mit dem Nationalsozialismus in Verbindung zubringen brachte, für einen großen Teil der Verteidiger dieser Hypothese, einen zusätzlichen Vorteil mit sich: es konnte damit implizit Marx in Verruf gebracht werden, da selbst seine hitzigsten Gegener bereits von der engen Verbindung seines philosophischen Denkens mit demjenigen Hegels erfahren hatten. Für Marcuse, der in diesen Jahren bereits *Hegelmarxist* war, stellte sich diese Hypothese noch problematischer dar, weil er wusste, dass die nationalsozialistischen Philosophen, vom ersten Tag der Herrschaft ihrer Partei an, Hegel entschieden verworfen hatten. Schlussendlich verbietet ihm auch die umfangreiche Kenntnis, die Marcuse von Hegel – und vom geschichtlichen und politischen Kontext, in dem er schreibt – hat, zur skizzierten Hypothese zu schweigen, so sehr *en vogue* in jenen Jahren und in jenem Land, das sich – erst zögernd – an der militärischen Befreiung Deutschland und Europas vom Nationalsozialismus und Faschismus beteiligt hatte.

Im Folgenden werden wir versuchen, die entsprechende philosophische Argumentation nachzuvollziehen und zu analysieren. Diese Rekonstruktion geht ihrerseits von der philosophischen Interpretation der Hegelschen Staatstheorie aus. Auch jenseits des erwähnten historischen Kontextes ist diese Debatte über Hegel und seines Staatstheorie von großer aktueller Relevanz, nicht nur wegen des bloßen Akts, sich dem Vergessen, das auch in der Gesellschaftstheorie und der Sozialphilosophie zu den größten Gefahren für die Emanzipation gehört, entgegen zu stellen, sondern auch, weil in der gegenwärtigen Debatte, die von *neoliberalen* Ideologien durchsetzt ist, oft von theoretischen Fehlern ausgegangen wird, die denjenigen ähneln, die mit dem Versuch einhergingen, den objektiven Idealismus Hegels mit den Doktrinen und der Realität des Nationalsozialismus in Verbindung zu bringen. In beiden Fällen liegt ein mangelhaftes Verständnis des klassisch bürgerlichen Inhalts desjenigen Staatsbegriffs vor, der in großem Maße von der französischen Revolution gestiftet wurde, die Georg Wilhelm Friedrich Hegel, von der Erstürmung der Bastille Kenntnis nehmend, mit einem guten *Bordeaux* feierte.

Was ist der Kern der Hegleschen Staatslehre?

Die Substanz des Rechten und Sittlichen
sind die Gebote der Sittlichkeit und des Staates.[1]

Hegel plädiert für das Anknüpfen an geleistete theoretische und politisch-praktische Arbeit. Das sittliche System muss nicht von jeder Generation neu erarbeitet werden. Nicht in der ‚Neuheit' der entwickelten Staatsidee, sondern in ihrem Aufgreifen vorhandener entwickelter Formen und Inhalte, liegt die Genialität, Geistigkeit und Vernünftigkeit.[2] Der vorhandene (bürgerliche) Staat ist nicht als ein beliebiges Zufallsprodukt, welches ebenso beliebig kritisiert, abgeschafft und ersetzt werden kann, zu begreifen, sondern als Form der sittlichen Welt, die ebenso wie die Natur durch immanente, vernünftige Gesetze geordnet ist.

Die Gesetze der Natur und die Gesetze der Sittlichkeit, des Rechts sind in sich vernünftig und für den Geist erkennbar. Die Naturgesetze existieren außerhalb des erkennenden Geistes, gelten und sind ‚überhaupt'. (Gibt es also z.B. über ein Naturgesetz widerstreitende Vorstellungen, so muss eine davon falsch sein.) In der Natur ist alles so, wie es nach den objektiven Gesetzen zu sein hat.

Bei den Rechtsgesetzen, die (bzw. deren Maßstab) in gewisser Hinsicht auch außerhalb von uns sind und z.B. für den positiven Juristen schlechthin Geltung haben, ist dennoch dieser Widerspruch zwischen dem was ist und dem was sein soll möglich.[3] (Es kann zur Trennung des Geistes im Widerstreit um die Geltung von Rechtsgesetzen kommen. In solchen Situationen „wird man häufig zur Betrachtung der Natur aus der Willkür des Lebens zurückverwiesen und soll sich an derselben ein Muster nehmen."[4])

---

1 Georg Wilhelm Friedrich Hegel, *Grundlinien der Philosophie des Rechts oder Naturrecht und Staatswissenschaft im Grundrisse*. Mit Hegels eigenhändigen Notizen und mündlichen Zusätzen. Auf der Grundlage der Werke von 1832-1845 neu editierte Ausgabe. Redaktion: Eva Moldenhauer und Karl Markus Michel. Frankfurt am Main 1970: Suhrkamp. Vorrede S. 14.
2 Ebd. S. 15.
3 Ebd. S. 16, Zusatz.
4 Ebd. S. 17, Zusatz.

Dieser Widerstreit, diese Trennung des Geistes verweist uns von den erstreitbaren Rechtsgesetzen zurück auf die unbestreitbaren Naturgesetze, an deren geordneter Vernünftigkeit sich die streitenden Geister orientieren können und sollen. Der Widerstreit über die Rechtsgesetze soll sich nicht gründen auf zufällige Meinungen über die Sache, sondern auf wissenschaftlich erarbeitete Begriffe, denn nur in diesen ist Erkenntnis möglich.

Notwendig werden die Untersuchungen über das Staatsrecht auch deshalb, weil durch die Aufklärung sich der Gedanke zur wesentlichen Form über die Achtung und die Ehrfurcht vor dem (bestehenden) Gesetz erhoben hat, und es ihm daher möglich sein muss das Recht (als vernünftiges) zu begreifen.[5] Hier wird ein emanzipatorischer Aspekt von Hegels Philosophie sichtbar: Der beherrschende, als fremde Macht sich zuweilen darstellende Staat, wird insofern dem denkenden Subjekt untergeordnet, als dieses nunmehr die Möglichkeit hat, die (vernunftmäßige, das heißt der Vernunft zugängliche) Ordnung des Staats- und Rechtswesens zu begreifen, zu durchschauen. Der emanzipatorische Gehalt des Hegelschen Staatsbegriffs ist jedoch da in Gefahr umzuschlagen in reine Apologetik des bürgerlichen Staates, wo zuweilen für die Unterordnung des Staatsrechtes unter das Primat der Vernunft ein zu hoher Preis bezahlt wird: Die Ignorierung sich abzeichnender Widersprüche und Irrationalitäten im bürgerlichen Staat.

Hegel ist philosophischer Vertreter des bürgerlichen Staates. In seiner Staatslehre in der Rechtsphilosophie beschreibt er diesen als „Wirklichkeit der sittlichen Idee" und als „Wirklichkeit der konkreten Freiheit".[6]

Wenn Hegel hier von Wirklichkeit spricht, so meint er damit nicht platt die tatsächlich anzutreffenden Sachverhalte. Die Wirklichkeit, die der Vernunft zugänglich ist, die von dieser bestimmt ist, muss vernünftig sein, ist vernünftig. Der wirkliche bürgerliche Staat ist die Vollendung der Sittlichkeit und die in der Weltgeschichte zu sich kommende Vernunft. Hegel leugnet damit nicht schlechthin die Möglichkeit der Unvernunft im tatsächlich bestehenden bürgerlichen Staat. Die Unvernunft ist in diesem Staat (zum ersten Mal in der Weltgeschichte) jedoch nicht prinzipieller Bestandteil,

---

5   Ebd.
6   Ebd. § 257, S. 398 und § 260, S. 406.

sondern liegt lediglich auf der Ebene der momentanen Erscheinung. Der bürgerliche Staat ist in sich so angelegt, dass er der Möglichkeit nach ganz und gar vernünftig gestaltet ist. Redet Hegel hier also von der Wirklichkeit dieses Staates, so meint er die ideelle Wirklichkeit, die konzeptionell angelegte, auf deren tatsächliche Realisierung auf allen Ebenen und Bereichen der Erscheinung die geschichtliche Entwicklung hin tendiert.

In der Idee, der prinzipiellen Möglichkeit, der somit konstituierten Wirklichkeit ist der bürgerliche Staat ohne innere, prinzipiell unvermeidbare, Widersprüche, er ist somit so etwas wie das Ziel der Geschichte.

Hier, an diesem Punkt wird Hegel, der bedeutende Dialektiker, selbst undialektisch. Da wo er den bürgerlichen Staat, und sei es in der bestmöglichen Form, zum Höhepunkt der menschlichen Emanzipation stilisiert, wird er zum Apologeten dieser Gesellschaftsform. So blieb es und zum Beispiel Karl Marx vorbehalten,[7] darauf hinzuweisen, dass die formelle Gleichstellung der Individuen im bürgerlichen Staat einer inhaltlichen Ungleichheit nicht entgegensteht, so dass z.B. trotz der Form des Äquivalententauschs beim Verkauf der Ware Arbeitskraft des Arbeiters an den Kapitalisten, dem Inhalt nach der Arbeiter durch die von ihm gratis für den Kapitalisten geleistete Mehrarbeit ausgebeutet wird.[8]

An dieser Stelle ist darauf hinzuweisen, dass Marcuse eine gewisse Widersprüchlichkeit Hegels hierzu herausarbeitet. Hegel befindet sich hier sozusagen im Spannungsfeld zwischen seinen höchsten philosophischen Idealen, Begriffen und einer positiven Festschreibung des bürgerlichen (preußischen) Staates. Sein (philosophisches) System, das von seinen

---

7   Karl Marx, *Das Kapital. Kritik der politischen Ökonomie. Erster Band. Buch I: Der Produktionsprozeß des Kapitals*. Nach der vierten, von Friedrich Engels durchgesehenen und herausgegebenen Auflage (Hamburg 1890): Karl Marx, Friedrich Engels, *Werke*, Band 23, Berlin 1975: Dietz, siehe z.B.: Dritter Abschnitt „Die Produktion des absoluten Mehrwerts": Fünftes Kapitel. „Arbeitsprozess und Verwertungsprozess", insb. S. 208 f.
8   Siehe hierzu auch: Herbert Marcuse, *Vernunft und Revolution. Hegel und die Entstehung der Gesellschaftstheorie*. Ins Deutsche übertragen von Alfred Schmidt. Neuwied 1962: Luchterhand. Titel der amerikanischen Originalausgabe: *Reason and Revolution. Hegel and the Rise of Social Theory*. New York, 1941: Humanities Press Inc., 2. Auflage 1954. S. 187.

zeitgenössischen Gegnern zu recht ‚negative Philosophie' genannt wurde,[9] stößt in der Staatslehre unversöhnlich auf seine Glorifizierung der preußischen Monarchie.[10] Der kritische und emanzipatorische Gehalt seiner Vernunftphilosophie weist dem Staate die Aufgabe der Vermittlung der allgemeinen mit den besonderen und individuellen Interessen zu und tendiert damit in letzter Instanz zur Aufhebung der Ausbeutung einer Klasse durch die andere. Nach Marcuses Interpretation weist Hegels Philosophie von daher eher auf das ‚Absterben' des Staates mit dem Prozess der Versöhnung des Individuums mit dem Allgemeinen als auf die Verewigung desselben hin.[11]

Dagegen steht Hegels tendenzielle Positivierung des angetroffenen Staates in Teilen seiner Staatslehre. „Er hat sich hier" schreibt Marcuse, „nicht so sehr der Servilität als des Verrats seiner höchsten philosophischen Ideen schuldig gemacht." Seine politische Theorie spiegelt „das Schicksal einer Gesellschaftsordnung, die bei der Verfolgung ihrer Freiheit in einen Naturzustand fällt, der tief unter der Vernunft steht."[12] Es sind eben jene Komponenten des ‚positive thinking' in Hegels Staatslehre, die spätestens nach dem (auch heute noch für viele Individuen traumatischen) Faktums des Nationalsozialismus in Frage gestellt sind. Hier ist wohl u.a. der Ansatzpunkt für Kritik an dogmatischen Setzungen in seiner Staatslehre zu suchen.

An mindestens zwei Punkten seiner Staatslehre (die Begriffe des Krieges und des Monarchen) führt Hegels tendenzielle Apologetik des bürgerlichen Staates als höchsten Punkt der geschichtlichen Entwicklung der Sittlichkeit jedoch soweit über die Errungenschaften der bürgerlichen Gesellschaft hinaus, dass er selbst nun die Gleichsetzung von ‚tatsächlich Existierenden' und ‚vernünftiger Wirklichkeit' vollzieht. Auf jene Passagen trifft Marcuses folgende Feststellung in seiner Einleitung zu *Vernunft und Revolution* zu: „Die stillschweigende Voraussetzung jedoch, dass die Vernunft sich unmittelbar in der Praxis zeige, ist ein Dogma, dass vom Gang

---

9 Ebd. Vorwort S. 11.
10 Ebd. S. 194.
11 Ebd. S. 191.
12 Ebd. S. 194.

der Geschichte nicht gestützt wird. Hegel glaubte sosehr an die unbesiegbare Macht der Vernunft wie Robespierre."[13]

Ausgehend von dieser Darstellung des Hegelschen Staatsbegriffs im allgemeinen sollen nun im Folgenden Hegels Begriffe des Krieges und des Monarchen, wie er sie in der Rechtsphilosophie entwickelt, zur Anschauung gebracht werden.[14] Gewisse Widersprüche der bürgerlichen Gesellschaftsform werden durch Hegels Konzeptionen begreifbar, und gleichzeitig sind diese objektiv bestehenden gesellschaftlichen Widersprüche der Ursprung verschiedner Widersprüche und Ungereimtheiten in Hegels Philosophie, die in einigen Fällen soweit gehen, selbst seine grundlegendsten philosophischen Überzeugungen in Frage zu stellen.

Zum *Begriff des Krieges*: Hegels Primat der Vernunft endet zumindest in der Rechtsphilosophie an den Grenzen der Nationalstaaten. Der Krieg zwischen bürgerlichen Staaten, der sich notwendig aus dem Zwang zur Akkumulation und Expansion in der kapitalistischen Produktionsweise ergibt, wird von Hegel in seiner unerbittlichen Notwendigkeit einer bestimmten historischen Gesellschaftsformation zum „sittlichen Moment"[15] hochstilisiert, welches nicht nur zwischenstaatliche Konflikte regeln kann, sondern auch bewirkt, dass „die sittliche Gesundheit der Völker in ihrer Indifferenz gegen das Festwerden der endlichen Bestimmtheiten erhalten wird, wie die Bewegung der Winde die See vor der Fäulnis bewahrt, in welche sie dauernde Ruhe, wie die Völker ein dauernder oder gar ewiger Friede, versetzen würde."[16] Hegel, der hier gegen Kant polemisiert,[17] hat dessen

---

13 Ebd. Einleitung, S. 18.
14 Es gibt noch einige andere fragwürdige Aspekte der Hegelschen Staatslehre, aus Platzgründen begrenzen wir uns hier auf diese zwei Begriffe, die beide in der Debatte über Hegel außerordentlich umstritten sind.
15 G.W.F. Hegel, *Grundlinien der Philosophie des Rechts*, a.a.O. § 324, S. 493.
16 Ebd., Hegel zitiert hier seine Schrift, *Über die wissenschaftlichen Behandlungsarten des Naturrechts* (dort leicht abweichender Wortlaut).
17 Siehe hierzu auch ebd. § 324, Zusatz, S. 493 f.: „Ewiger Friede wird häufig als ein Ideal gefordert, worauf die Menschheit zugehen müsse. *Kant* hat so einen Fürstenbund vorgeschlagen, der die Streitigkeiten der Staaten schlichten sollte, und die Heilige Allianz hatte die Absicht, ungefähr ein solches Institut zu sein. Allein der Staat ist Individuum, und in der Individualität ist die Negation wesentlich enthalten. Wenn also

Idee des „ewigen Friedens" insofern abgelehnt, als diese in idealistischer Weise die Abschaffung des Krieges bei gleichzeitiger Beibehaltung seiner materiellen Ursachen über eine aufgesetzte Institution (den Fürstenbund) für möglich erklärt. Hegel beschreibt hier zwar zu recht welche Funktion Krieg zur Überspielung innerstaatlicher Differenzen hat („Glückliche Kriege haben innere Unruhen verhindert und die innere Staatsmacht befestigt"[18]), jedoch unterschlägt er hier völlig welche emanzipatorische Gewalt gerade solche „innere Unruhen" haben können. Der Nationalismus verwandelt sich hier, von der auch bei Hegel vorhandenen fortschrittlichen Ausrichtung hin zur Aufhebung der Kleinstaaterei im damaligen Deutschland[19] zur Ideologie der Konservierung in sich widersprüchlicher (daher ‚unruhiger') Gesellschaften. Die Ideologie, Krieg sei an sich vorteilhaft für die Gesellschaft – weil er „vor Fäulnis" bewahre, insofern er die „Indifferenz gegen das Festwerden der endlichen Bestimmtheiten" aufzuheben vermöge –, die dabei die zerstörerische Gewalt des Krieges verharmlost, erinnert in fataler Weise an die Ideologie der erwähnten unvergesslichen Superlative menschlicher *Barbarei*. Diese Verklärung des Krieges zur Naturgewalt unterschlägt die Möglichkeit der Entwicklung hin zu einer Gesellschaftsformation, die der Kriege nicht mehr bedarf.[20] Gerade nach den Erfahrungen des zweiten Weltkrieges und des Genozids war selbst unter deutschen Bürgerlichen eine gewisse Zeit lang unwider-

---

auch eine Anzahl von Staaten sich zu einer Familie macht, so muss sich dieser Verein als Individualität seinen Gegensatz kreieren und einen Feind erzeugen." (Ebd.)
18 Ebd. § 324, S. 494.
19 Siehe hierzu: Hermann Heller, *Hegel und der nationale Machtstaatsdanke in Deutschland. Ein Beitrag zur politischen Geschichte.* Nachdruck der Ausgabe von 1921, Aalen 1963: Zeller:
„Was aber die Anschauungen Hegels über das zwischenstaatliche Verhältnis betrifft, so sind diese, neben seiner historischen Weltanschauung im allgemeinen, im besonderen sicherlich nicht wenig von der Betrachtung jener Wegelagererpolitik der damaligen deutschen Fürsten mitbestimmt, welche Politik ‚jede Achtung vor den Besitzständen der Genossen, jeden Eidgenössischen Rechtssinn im deutschen Fürstenstande' ertötet hatte, deren ausschließliche Triebfedern Ländergier und Dynastenstolz waren." (Heller zitiert hier nach: Treitschke, *Deutsche Geschichte*, Band I, S. 17.
20 „Wieder stellen wir fest, dass die blinde Natur ins Spiel kommt und die selbstbewusste Vernünftigkeit des objektiven Geistes beiseite schiebt. (Herbert Marcuse, *Vernunft und Revolution*, a.a.O. S. 198)

sprochen, dass eine strukturelle (ökonomische) Veränderung notwendig ist, um eine Wiederholung des Erlebten zu verhindern. In diesem Punkt war also bereits 1946 Hegel in gewisser Hinsicht längst überholt.

Marcuse weist in diesem Zusammenhang darauf hin, dass auch im Fall des Krieges für Hegel die Zufälligkeit und ‚Natürlichkeit', nicht das letzte Wort gesprochen haben. Er weist auf das von Hegel konzipierte Dritte, das über den zwischenstaatlichen Verhältnissen steht, hin: Der „Geist, der sich [...] in der Weltgeschichte darstellt".[21] Der Darlegung dieses Begriffs in der *Philosophie der Geschichte* wenden wir uns hier jedoch nicht zu.

Der *Begriff des Monarchen* ist, so Hegel, „der schwerste Begriff für das Räsonnement, d.h. für die reflektierende Verstandesbetrachtung"[22] und in der Sekundärliteratur ist jener ‚schwerste Begriff' einer der am heftigsten kritisierten. Das Grundprinzip des Hegelschen Staates ist die „volle Entwicklung des Individuums".[23] Die Vermittelung des Allgemeinen mit dem Individuellen im Staat sichert eben jene freie Entwicklung der Vielen im Ganzen. So verstanden steht Hegels Begriff des Staates der nationalsozialistischen Doktrin unversöhnlich gegenüber. Die Parole ‚Du bist nichts Dein Volk ist alles' lehnt ja eben diese Vermittlung kategorisch zu Gunsten eines vorgeblich eindeutigen ‚Primats des (scheinbar) Allgemeinen (*Volk*)' ab.[24]

---

21 G.W.F. Hegel, *Grundlinien der Philosophie des Rechts*, a.a.O. § 259, Zusatz, S. 405. Vgl.: „Es können zwar mehrere Staaten als Bund gleichsam ein Gericht über andere Staaten bilden, es können Staatenverbindungen eintreten, wie z.B. die Heilige Allianz, aber diese sind immer nur relativ und beschränkt, wie der ewige Frieden. Der alleinige absolute Richter, der sich immer und gegen das Besondere geltend macht, ist der an und für sich seiende Geist, der sich selbst als das Allgemeine und als die wirkende Gattung in der Weltgeschichte darstellt," (Ebd.) Vgl. auch Herbert Marcuse, *Vernunft und Revolution*, a.a.O. S. 199: „Obgleich es nicht an das Völkerrecht gebunden ist, ist das Staatsrecht nicht das endgültige Recht [...]. Der Staat hat an der Weltgeschichte, dem Reich des Weltgeistes, der die ‚höchste absolute Wahrheit' darstellt, seinen wirklichen Gehalt." (Ebd., Marcuse zitiert nach G.W.F. Hegel, *Grundlinien der Philosophie des Rechts*, a.a.O. § 33, Zusatz, S. 91.)
22 G.W.F. Hegel, *Grundlinien der Philosophie des Rechts*, a.a.O. § 279, S. 446.
23 Herbert Marcuse, *Vernunft und Revolution*, a.a.O. S. 193
24 Marcuse fasst diesen Unterschied folgendermaßen zusammen: „Unter dem Faschismus beherrscht die bürgerliche Gesellschaft den Staat. Hegels Staat beherrscht die bürgerliche Gesellschaft. Und in wessen Namen herrscht er? Nach Hegel im Namen

Im Zusatz zu § 260 der *Rechtsphilosophie* heißt es hierzu: „Das Wesen des neuen Staates ist, dass das Allgemeine verbunden sei mit der vollen Freiheit der Besonderheit und dem Wohlergehen der Individuen [...]. Das Allgemeine muss also betätigt sein, aber die Subjektivität auf der anderen Seite ganz lebendig entwickelt werden. Nur dadurch, dass beide Momente in ihrer Stärke bestehen, ist der Staat als ein gegliederter und wahrhaft organisierter anzusehen."[25]

An dieser Stelle tritt jedoch das Problem auf, wie denn nun jene Vermittlung der Interessen der Individuen mit denen der (Gesamt-) Gesellschaft, dem Allgemeinen zu bewerkstelligen ist: Wenn die Individuen frei sein sollen in dieser Vermittlung, so müssen sie das Allgemeine bereits als zugleich ihr eigenes begriffen haben. Zwischen diesen Individuen und der Gesamtgesellschaft darf keine prinzipiell unüberbrückbare Interessensdifferenz bestehen.

Eben dies ist einer der Punkte, an dem Hegels idealistischer Staatsbegriff an der Wirklichkeit des bürgerlichen Staates, das heißt an den prinzipiellen Möglichkeiten der bürgerlichen Gesellschaft, die er ja gerade auf ihren Begriff zu bringen versucht ist, zu scheitern droht. Diese Konzeption der Individuen der bürgerlichen Gesellschaft als solche, deren individuelles Interesse nicht prinzipiell abgeschnitten ist vom allgemeinen Interesse (der Gesellschaft), schließt so etwas wie der kapitalistischen Produktionsweise innewohnende antagonistischen Widersprüche selbstredend aus.

Die der bürgerlichen Gesellschaft adäquate Produktionsweise trennt den Einzelnen jedoch notwendigerweise vom Allgemeinen ab. Der Widerspruch von gesellschaftlicher Produktion und privater Aneignung der Produkte entfremdet, wie von Marx gezeigt wurde, den Produzenten vom Produkt und konstituiert die der gesamten bürgerlichen Gesellschaft anhängende Entfremdung. In der entfremdeten Gesellschaft gibt es jenes Individuum das, wie Marcuse sagt, „sein wahres Interesse im allgemeinen Interesse weiß und erstrebt [...] einfach nicht."[26] Wenn Marcuse hier fortfährt: „Die Individuen existieren nur als Privateigentümer, als Subjekte der

---

    des freien Individuums und seinem wahren Interesse." (Herbert Marcuse, *Vernunft und Revolution*, a.a.O. S. 193)
25 G.W.F. Hegel, *Grundlinien der Philosophie des Rechts*, a.a.O. § 260, Zusatz, S. 407.
26 Herbert Marcuse, *Vernunft und Revolution*, a.a.O. S. 193.

unbeherrschten Prozesse der bürgerlichen Gesellschaft, abgeschnitten vom allgemeinen Interesse durch Selbstsucht und alles was diese im Gefolge hat", so trifft seine Kritik den gleichen Punkt wie die Marxens in seiner Kritik des Hegelschen Staatsrechts, in der er herausstellt, dass das Wesen des Staates „die abstrakte, die Privatperson ist", deren Verhältnis zum Staat sich jedoch in aller Regel nicht verwirklicht.[27]

Wie ‚löst' nun Hegel jenen Widerspruch zwischen seinen höchsten philosophischen Ideen und der in seiner Staatslehre begrifflich beschriebenen Wirklichkeit des bürgerlichen Staates ‚auf'?

Er setzt den durch Erbfolge und Erstgeburt auf ‚natürliche Weise' zu Amt und Würden gekommenen Monarchen, den Fürsten an die Spitze des Staates. Jener Fürst, da durch ‚Naturgewalt' eingesetzt, steht außerhalb der Interessenkonflikte der bürgerlichen Gesellschaft. Über den internen Zwistigkeiten ruhend, unabhängig von allen Privatinteressen, da von der ‚interessenlosen' Natur gekrönt, verkörpert er die Identität des Allgemeinen mit dem Besonderen (Interesse).[28] Die erkannte Widersprüchlichkeit des bürgerlichen Staates soll durch die Einführung einer harmonisierenden ‚natürlichen Spitze' schlicht ausgeglichen werden. Die dialektische Methode, die an dieser Stelle den Schritt der Aufhebung der bürgerlichen Gesellschaft durch ihre inneren Widersprüche bereits vorbereitet, kapituliert vor den auch vorhandenen reaktionären Elementen des Hegelschen Denkens.

Hegels ‚monarchistische Lösung', die konstitutionelle Monarchie, so etwas wie ein *Gentlemen's Agreement* zwischen französischer Revolution und preußischer Monarchie, ruft verschiedene Antworten hervor: Während Marx ironisierend feststellt „der höchste konstitutionelle Akt des Königs ist daher seine Geschlechtstätigkeit, denn durch diese macht er einen König und setzt seinen Leib fort",[29] folgt ihm Marcuse in etwa in der Aussage, dass der Monarch die einzige Person ist, „in der sich das Verhältnis der Privatperson überhaupt zum Staat verwirklicht."[30] An dieser

---

27 Karl Marx, *Kritik des Hegelschen Staatsrechts (§§ 261-313)*. In: Karl Marx, Friedrich Engels, *Werke*, Band 1, Berlin 1972, S. 242.
28 G.W.F. Hegel, *Grundlinien der Philosophie des Rechts*, a.a.O. § 279, S. 444 ff.
29 Ebd., siehe auch: Herbert Marcuse, *Vernunft und Revolution*, a.a.O. S. 193.
30 Karl Marx, *Kritik des Hegelschen Staatsrechts (§§ 261-313)*, a.a.O. S. 242.

Stelle weist Marcuse, wie oben schon erwähnt, daraufhin, dass das eigentliche Problem nicht in der Glorifizierung der preußischen Monarchie durch Hegel, sondern in dessen „Verrat seiner höchsten philosophischen Ideen" liegt.[31] Hegel, in seiner dialektischen Methode der Vernunft und dem Fortschritt verpflichtet, schreitet in seiner reaktionären Apologetik des bürgerlichen Staates soweit, dass er „die Gesellschaft der Natur, die Freiheit der Notwendigkeit und Vernunft der Laune" ausliefert.[32]

Die in den Widersprüchen der analysierten Gesellschaft in Gefahr zugrunde zu gehen begriffene Vernunft soll durch einen Griff in die mystische Trickkiste der Natur wie durch ein Wunder gerettet werden. Hegel scheint an dieser Stelle sich selbst nicht zu glauben. Der gegenüber Hegel in Vergleich zu Marx hier milde *gestimmte* Marcuse in *Vernunft und Revolution* anerkennt bei Hegel dabei, dass jener mitunter „über seine eigene Idealisierung des Monarchen zu lächeln [scheint], wenn er erklärt, dass die Entscheidungen des Monarchen bloße Formalitäten sind.[33]

Doch auch der Hegelmarxist scheint selbst über seine eigene Verteidigung des großen Dialektikers zu schmunzeln, wenn er diesem beim Formulieren einer seiner reaktionärsten Begriffe noch ein Lächeln abzugewinnen versucht.

Epilog zur Reflexion über Hegel und Marcuse

> Hegels Philosophie war die letzte, die es wagen konnte, die Wirklichkeit als Manifestation des Geistes zu begreifen. Die nachfolgende Geschichte machte einen solchen Versuch unmöglich.
>
> Herbert Marcuse[34]

Der Autor dieses Buches will es nicht vermeiden, hier seine Schwierigkeiten mit dem fraglichen Hegelschen Text kurz zu skizzieren. Diese Problematik der Auseinandersetzung mit Hegels Staatsphilosophie schien zuerst mehr eine persönliche Sache des Autors zu sein: Etwa parallel zur erstmaligen

---

31 Herbert Marcuse, *Vernunft und Revolution*, a.a.O. S. 194.
32 Ebd.
33 Ebd.
34 Herbert Marcuse, „Nachwort von 1954" in: *Vernunft und Revolution*, a.a.O. S. 369.

Beschäftigung mit Hegels Staatsphilosophie (Frühsommer 1987) wurde vom unabhängigen Kinoverein *Pupille* – der damals das alte Frankfurter Universitätskino *Camera* benutzte – anlässlich des ‚Historikerstreits' über die Bewertung des Nationalsozialismus eine Film- und Vortragswoche zu dieser Thematik veranstaltet, um den damals verstärkt auftretenden, stark rechtslastigen, geschichtsrevisionistischen Vorstößen entgegenzutreten. Der zentrale Beitrag dieses Filmzyklus' war Claude Lanzmanns *Shoah*. Die Auseinandersetzung mit diesem Abschnitt deutscher Geschichte, intensiviert in der Zeit nach der Projektion dieses einzigartigen filmischen Werkes[35], erschwerte in starkem Maße die *neutrale* Lektüre der Hegelschen Staatsphilosophie.

In einem Seminar der Frankfurter Universität blieb der Versuch des Autors erfolglos, die Schwierigkeiten philosophisch zu diskutieren, die er zu Beginn seiner Hegel-Lektüren hatte, als er spontan einige scheinbare Parallelen zwischen Hegels Staatsphilosophie und der nationalsozialistischen Doktrin wahrzunehmen glaubte. Der anerkannte Philosoph Alfred Schmidt, der damals den Lehrstuhl für Sozialphilosophie innehatte, den einige Jahre vor ihm Max Horkheimer noch bekleidete, anerkannte die Einwände lediglich als „ehrenswerten moralischen Impuls".

Die Vorbehalte sind jedoch keineswegs allein moralischer Natur. In seinem Buch *Vernunft und Revolution* stellt Marcuse immer wieder fest, dass es falsch sei, Hegel als geistigen Wegbereiter der nationalsozialistischen Doktrin zu sehen, und dass die italienischen Faschisten nur durch einige massive Verdrehungen an Hegel anknüpfen konnten, ihm dabei jedoch in wichtigen Punkten genau widersprachen. So schreibt Marcuse über einen italienischen faschistischen Philosophen:

> Gentile verkündet, dass Praxis die Wahrheit als solche ist, ganz gleich, welche Form sie annehmen mag. Nach ihm ist der Akt des Denkens die einzige Wahrheit. Jegliche Annahme einer natürlichen und geschichtlichen Welt, getrennt von die-

---

35 Zur Bedeutung des Films *SHOAH* für eine ganze Generation von deutschen Studenten und Jugendlichen vgl. Stefan Gandler, „Sobre el impacto generacional de la película de Claude Lanzmann." In: *Desacatos. Revista de Antropología Social.* Nr. 29, México D.F., Centro de Investigaciones y Estudios en Antropología Social, Jan.-Apr. 2009, S. 159-170.
Im Internet: http://www.ciesas.edu.mx/desacatos/29%20Indexado/Legados.pdf

sem Akt und außerhalb seiner, wird abgewiesen. Das Objekt wird ins Subjekt ‚aufgelöst', und jeglicher Gegensatz zwischen Denken und Tun oder zwischen Geist und Realität wird bedeutungslos. Denn das Denken (das ein ‚Machen', ein wirkliches Tun ist) ist ipso facto wahr. „Das Wahre ist das, was sich macht". Einen Satz von Giambattista Vico uminterpretierend, schreibt Gentile: „Verum et fieri convertuntur". Und er fasst zusammen: „Der Begriff der Wahrheit koinzidiert mit dem des Faktums". Es kann nur wenige Behauptungen geben, die vom Geiste Hegels weiter entfernt sind."[36]

Schon allein die Tatsache, dass Marcuse so beharrlich den Nachweis zu führen versucht, dass Hegel nicht als theoretischer Wegbereiter des Faschismus zu sehen ist, deutet darauf hin, dass eben jene These eine gängige und widerspruchswürdige zur Zeit des Entstehens von *Vernunft und Revolution* war. Der Übersetzer stellt dies in seinem Nachwort unumwunden fest: „Als *Vernunft und Revolution* im Frühjahr 1941 in englischer Sprache erschien, war es dem Verfasser darum zu tun, der in den angelsächsischen Ländern vorherrschenden Ansicht entgegenzutreten, Hegels Philosophie, besonders seine Staatslehre, zähle zu den direkten Quellen der faschistischen und nationalsozialistischen Ideologie."[37] Diese Diskussionen, so stellt A. Schmidt weiter implizit fest, werden so nicht mehr geführt, in diesem Sinne ist es wohl auch zu verstehen, warum er die erwähnten Einwände lediglich als moralischen Impuls würdigte. Es gibt jedoch nun seit ca. drei Jahrzehnten, im Zusammenhang mit Vorstößen von konservativer Seite um eine „neue Deutung der jüngeren deutschen Geschichte" (so z. B. auch die Planung des ‚Deutschen Museums für Geschichte', ‚Historikerstreit', Besuch an den Gräbern ehemaliger SS-Angehöriger vom Bundeskanzler der BRD Helmut Kohl und dem Präsidenten der USA Ronald Reagan in Bitburg am 5. Mai 1985), so etwas wie einen erneuten Versuch, der Auseinandersetzung mit jener Epoche Menschheitsgeschichte, welche es verbietet, die Wirklichkeit als Manifestation des Geistes zu begreifen.[38]

---

36 Herbert Marcuse, *Vernunft und Revolution*, a.a.O. S. 356. Marcuse zitiert hier: G. Gentile, *Teoria generale dello spirito atto puro*, Firence 1944, S. 14, 21 und 19.
37 Alfred Schmidt, „Nachwort des Übersetzers", in: Marcuse, *Vernunft und Revolution*, a.a.O. S. 375.
38 Siehe hierzu z.B. die zur genannten Filmwoche herausgegebene Broschüre, in der auch die zentralen Artikel der 'Historikerdebatte' dokumentiert sind: Tim Darmstädter,

Zumindest für die an diesem Versuch Beteiligten gilt heute (wieder) für die Rezeption von Hegels Staatslehre das, was Marcuse in seinem Vorwort zu *Vernunft und Revolution* noch während jener Zeit schrieb:

> Der Inhalt eines wahrhaft philosophischen Werkes bleibt von der Zeit nicht unberührt. Wenn seine Begriffe in einem wesentlichen Zusammenhang mit den Zielen und Interessen der Menschen stehen, so wird ein grundlegender Wandel ihrer historischen Situation sie veranlassen, seine Lehren in einem neuen Licht zu sehen. In unserer Zeit verlangt die Entstehung des Faschismus gebieterisch nach einer neuen Interpretation der Hegelschen Philosophie.[39]

Dass Hegels Staatslehre nicht *fraglos* antithetisch dem nationalsozialistischen Regime gegenübersteht, belegen eindeutig die in der Literatur hierüber heftig geführten Kontroversen. Es können dazu z.B. Texte von Ernst Topitsch, Wilhelm Raimund Beyer, Georg Lukács und Herbert Marcuse untersucht werden.[40] Sicher wäre hierbei genauer zu analysieren, vor welchem Hintergrund die verschiedenen Positionen geäußert werden.

Geschichte und Identität. Film- und Diskussionstage an der Universität Frankfurt. Frankfurt am Main, AStA-Linke Liste Uni Frankfurt/Pupille e.V., 1987.

39 Herbert Marcuse, *Vernunft und Revolution,* a.a.O. S. 11. Siehe hierzu auch die Rezension Franz Neumanns *Behemoth, The Structure and Practice of National Socialism* von Arthur Rosenberg in *Studies in Philosophy an Social Science* 1941: „Learning and science are always part of an existing society, and the political theory of the last 200 years was an appendix of the 'Liberal' society. Also the conservative and the radical or socialist enemies of Liberalism were much more dependent on its theories than they usually confessed or knew. We see, at present, in Europe the total breakdown of the old 'Liberal' society. Therefore, also the old science falls. It is a most important part of our fight against Fascism to develop a new theory that fits into the changed world and defeats Fascism on its own field." (Arthur Rosenberg: „Neumann Franz, Behemoth, The Structure and Practice of National Socialism. Oxford University Press. New York 1942" (Rezension) In: *Studies in Philosophy and Social Science,* Published by the Institute of Social Research. Morningside Heights. New York City, 1941, Vol. IX, Nr. 3, S. 526 f. In: *Zeitschrift für Sozialforschung,* Herausgegeben von Max Horkheimer, Jg. 9, 1941. Reprint München 1980: Deutscher Taschenbuch Verlag.)

40 Ernst Topitsch, „Hegel und das Dritte Reich." In: *Der Monat,* Jg. 18 (1966), Heft 213, S. 36-51; Wilhelm Raimund Beyer, *Hegel Bilder. Kritik der Hegel-Deutungen.* 2. erw. Aufl. Berlin, Akademie Verlag, 1968, insb.: „I: Typologie der 'Hegelei'": "13. Der faschistische Hegel" S. 144 ff.; Georg Lukács, *Die Zerstörung der Vernunft.* Neuwied, Berlin, Luchterhand, 1962 (*Werke* Band 9), insb. 5. Kapitel: „Der Neuhegelianismus"; Herbert Marcuse, *Vernunft und Revolution,* a.a.O., insb.: „Vorwort", „Einlei-

Letztlich ist der einzige der genannten Autoren, der eine eindeutige Kontinuität von Hegels Philosophie zur nationalsozialistischen Doktrin nachzuweisen versucht ist, alles andere als überzeugend: Ernst Topitsch arbeitet mit äußerst ungenauen, gelegentlich völlig fehlenden Quellenangaben. Zudem zitiert er G. Lukács und W.R. Beyer in einer Weise, die suggeriert, diese Autoren verträten auch die Position der Kontinuität von Hegel zum Nationalsozialismus. Topitsch ‚verwechselt' dabei Hegelianismus-Kritik mit Hegel-Kritik. Die Intention Topitsch Artikels ist es, mit der Hegelschen Dialektik zugleich die Marxsche und marxistische Theorie zu erledigen. Genau dieser Intention entgegenzutreten ist aber die Absicht von Lukács und Beyer in ihren von Topitsch zitierten Texten. Topitsch konstatiert zwar: „Auf die Zusammenhänge zwischen Hegelianismus und Nationalsozialismus gehen fast nur marxistische Autoren näher ein, z.B. G. Lukács, *Die Zerstörung der* Vernunft, Berlin 1955 oder W.R. Beyer, *Hegel-Bilder*, Berlin 1964";[41] doch geht er auf deren Argumentation in keiner Weise ein. Im Gegenteil: Er bestreitet jede Widersprüchlichkeit zwischen dialektischer Methode und auch vorhandenen reaktionären Elementen in Hegels Denken indem er, über Hegels Dialektik räsonierend formuliert: „Hegel selbst hat dieses System von Leerformeln mit den Inhalten einer ausgesprochen autoritären Staatsauffassung erfüllt."[42] Gegen das von ihm verworfene „dialektische Heilsschema", das dazu gedient habe, „auch für die extremste Maßnahme des Hitlerregimes eine dialektische Rechtfertigung zu finden", hält er hoch: „Empirismus und relativistischen Positivismus", „positivistische Rechtswissenschaft", „kirchliche Sittenlehre", „Individualität und Subjektivität".

Beyer antwortet auf Topitsch in der zweiten erweiterten Auflage seiner von Topitsch nach der ersten Auflage zitierten *Hegel-Bilder* und greift diesen dort scharf an: „Es muss der Grund der Hegel-Bemühung für ein solches Vorhaben aufgedeckt werden. Ernst Topitsch hat solche Fehlbenützung Hegels durch Faschisten als Warnung in einer ungemein einseitig verbleibenden Zusammenstellung angeprangert. Er bedenkt dabei aber nicht,

---

tung" und „Abschluss: Das Ende des Hegelianismus": „3. Faschistischer 'Hegelianismus'" und „4. Der Nationalsozialismus als Gegner Hegels."
41 Ernst Topitsch, *Hegel und das Dritte Reich*, a.a.O. S. 36, Fußnote 2.
42 Ebd. S. 37.

dass seine Zauberformel von ‚Hegel als Leerformel' und die Entlarvung der Hegelbeschäftigung des Dritten Reiches (wobei er nur einige, wenige Rechtsphilosophen aufzählt und die ‚großen' Philosophen wie Hermann Glockner und Heinrich Heimsoeth u.a. übersieht!) keine historische Berechtigung hat, wenn sie lediglich in einen Kassandraruf ausmündet."[43]

Marcuse weist einerseits auf Kontinuitäten von bürgerlicher Herrschaft zum Faschismus und Nationalsozialismus hin, weist aber eine platte Kontinuitätsthese von Hegel zum Nationalsozialismus zurück. Wie auch in Lukács' *Zerstörung der Vernunft* werden reaktionäre Tendenzen in Hegels System scharf von seinem humanistischen Gehalt und der zuweilen über die bürgerliche Gesellschaftsform hinausweisende dialektische Methode abgegrenzt. Lukács formuliert in seiner Kritik des „Neuhegelianismus": „Man sieht: der Hegel dessen ‚Renaissance' der deutsche Imperialismus herbeigeführt hat, hat weder historisch noch systematisch mit den progressiven Tendenzen Hegels irgend etwas zu tun. Wir haben aus vielen Einzelausführungen genau ersehen können, dass gerade die dialektische Methode in erster Linie dieser ‚Erneuerung' Hegels zum Opfer gefallen ist."[44]

Hier sei noch folgendes angemerkt: Trotz der ähnlichen Darstellung der zwei Seiten der Hegelschen Philosophie durch Marcuse in *Vernunft und Revolution*, wie sie oben angedeutet wurde, und durch Lukács in *Zerstörung der Vernunft* greift Lukács in diesem Werk Marcuse als „Neuhegelianer" scharf an und wirft ihm eine „weitere Annäherung Hegels an die Romantik"[45] vor. Die Verbindung von Hegel mit der Romantik, so fährt Lukács fort, ist eine „historische Verfälschung der Entstehung und der Wirkung der Hegelschen Philosophie, ihrer Voraussetzungen und ihres Wachstums", die dazu diene „erstens die Dialektik aus der ‚richtig verstandenen', ‚zeitgemäß erneuerten', Hegelschen Methode radikal auszumerzen, und zweitens den lebensphilosophischen Irrationalismus zur konstitutiven Grundlage der vom Neuhegelianismus erstrebten neuen Synthese der gesamten deutschen philosophischen Reaktion zu machen."[46]

---

43 Wilhelm Raimund Beyer, *Hegel Bilder. Kritik der Hegel-Deutungen*, a.a.O. S. 154.
44 Georg Lukács, *Die Zerstörung der Vernunft*, a.a.O. S. 499.
45 Ebd. S. 492.
46 Ebd.

Doch hat gerade Marcuse in seinen Ausführungen zur Hegelschen Staatslehre in *Vernunft und Revolution* die dialektische Methode Hegels gegen reaktionäre Elemente seines Systems herausgearbeitet. Lukács zitiert hier Marcuse jedoch nur nach dessen jüngeren Schrift (aus dessen ‚Heidegger-Zeit': *Hegels Ontologie und die Grundlegung einer Theorie der Geschichtlichkeit*,[47] und erwähnt das 1941 in New York in englischer Sprache erschienene Werk *'Reason and Revolution'* nicht. Es ist anzunehmen, dass er beim Verfassen des 1954 fertig gestellten Textes *Die Zerstörung der Vernunft*, diese Arbeit Marcuses nicht zur Kenntnis genommen hatte, da sie erst 1962 in deutscher Sprache erschien.[48]

Es ist zudem daran zu erinnern, dass Georg Lukács bei der Kritik einer mangelhaften Zurückweisung des reaktionären Gehalts des Hegelschen Systems bei gleichzeitiger mangelhafter Herausarbeitung seiner dialektischen Methode, mehrfach die Sozialdemokratie der Weimarer Zeit (Siegfried Marck, Max Adler, etc.) in ihrer Kompromiss-Politik gegenüber den reaktionären Tendenzen des Bürgertums, auch auf dem Gebiet der Philosophie, scharf angriff.[49] Es könnte weiterhin erhellend sein, zu untersuchen, welche Bewandtnis es hat, dass bis heute die Haltung vorherrscht, die weiter zu verfolgende Seite Hegels ausgiebigst zu erörtern, und gleichzeitig eine weitergehenden Kritik am reaktionären Gehalt seiner politischen Theorie unerbittlich zurückzuweisen.

Da jener reaktionäre Anteil in der hegelmarxistischen Literatur unbestritten ist, mutet es seltsam an, dass es in den achtziger Jahren des zwanzigsten Jahrhunderts nicht möglich war, dies eingehend zu diskutieren. Es ist hier nicht der Ort zu untersuchen, ob die sozialdemokratische Dominanz in der damaligen professoral Linken der BRD dabei in einem Zusammenhang zu sehen ist, jedoch ist es gerade das Fehlen der von Lukács geforderten kompromisslosen Schärfe der Analyse der beiden Seiten Hegels, die der Diskussion in universitären linkshegelianischen Kreisen die Brisanz nimmt. Der emanzipatorischen Seite Hegels wird

---

47 Ebd. Lukács zitiert hier: Herbert Marcuse, *Hegels Ontologie und die Grundlegung einer Theorie der Geschichtlichkeit*, Frankfurt/Main, Klostermann, 1932, S. 279.
48 Siehe dazu auch: Alfred Schmidt, „Nachwort des Übersetzers", in: Herbert Marcuse, *Vernunft und Revolution*, a.a.O. S. 376.
49 Georg Lukács, *Die Zerstörung der Vernunft*, a.a.O. S. 498.

durch beharrliche und dogmatische Verweigerung der Diskussion und Kritik der reaktionären und apologetischen Seite Hegels gewiss kein Gefallen getan.

Wenn Marcuse, bei der Frage des Verhältnisses von Hegel zum Nationalsozialismus, darlegt, dass Hegels politische Philosophie auf der (falschen) Annahme beruht, dass die bürgerliche Gesellschaft funktionsfähig erhalten werden könne, ohne dass auf die wesentlichen Rechte und Freiheiten des Individuums verzichtet zu werden brauche,[50] so stellt sich die Frage, in welchem Kontext diese falsche Annahme zu verstehen ist.

Anders gefragt: Gab es (zu Hegels Zeiten) einen Preis, den der Fortschritt von der feudalen zur bürgerlichen Gesellschaft erforderte, den Hegel in seiner politischen Philosophie ‚übersah'. Inwieweit unterschätzte Hegel die antihumanistischen Züge der europäischen Geschichte, die notwendige Bedingungen für die Entstehung des modernen Zeitalters, der Französischen Revolution, der idealistischen Kultur, des Humanismus waren? Von den gegenwärtigen Anhängern Hegels (einschließlich derer, die dem was einst ‚Linkshegelianismus' genannt wurde, nahe stehen), wird meist in augenfälliger Weise eine Einschränkung in ihren Untersuchungen vorgenommen: Gesellschaftliche und theoretische Entwicklungen werden in aller Regel begrenzt auf Europa (meist ‚Westeuropa') und Nordamerika (ausschließlich Mexiko) betrachtet. So kommt es dann zu Einschätzungen wie zum Beispiel derjenigen, dass der Kapitalismus entgegen Marxens Analyse heute nur noch eine relative und keine absolute Verelendung mehr zeitige. Bereits ein geringes Maß an Kenntnis über die Entwicklung des Lebensstandards der Mehrheit der Weltbevölkerung (worüber auch zahlreiche Untersuchungen, z.B. von Unterorganisationen der UNO vorliegen) macht deutlich, dass durchaus von einer stark zunehmenden absoluten Verelendung durch die kapitalistische Entwicklung der Produktivkräfte zu sprechen ist.

Es ist zu fragen, inwieweit ein Zusammenhang besteht zwischen Hegels Eurozentrismus und dem aktuell in den meisten Fällen der *kritischen* Gesellschafts- und Geisteswissenschaften gepflegten. Eine längst überfällige Kritik und Aufarbeitung des Ethnozentrismus in der deutschen Theorie-

---

50 Herbert Marcuse, *Vernunft und Revolution*, a.a.O. S. 360.

tradition muss gewiss Hegels Äußerungen (z. B. in der *Philosophie der Geschichte*) über *die* Amerikaner und Afrikaner seiner Zeit auf ihren Ursprung hin untersuchen. Auf jeden Fall ist im Zusammenhang mit dem uns hier beschäftigenden Thema jedoch festzustellen, dass ein unmittelbarer Zusammenhang zwischen Hegels oben genannter falschen Annahme und seinem Eurozentrismus besteht: Der Preis für den in Europa geleisteten Fortschritt war (ist) ja gerade (u.a.) die exzessive Ausbeutung menschlicher Individuen und Gesellschaften sowie deren Reichtümer in Afrika, Amerika und Teilen Asiens. Nur durch die Infragestellung der Bedeutung jener Individuen und Gesellschaften, die die ‚Zeche' für die europäische bürgerliche Staatsbildung zahlten, ohne auch nur im entferntesten von deren emanzipatorischer Entwicklung zu profitieren, sondern deren bestehende sozioökonomischen Strukturen z.T. ersatzlos zerstört wurden, konnte Hegel zu seiner von Marcuse beschriebenen Idealisierung des Restaurations-Staates kommen.[51]

Aus der Untersuchung der genannten falschen Annahme Hegels, die bürgerliche Gesellschaft sei prinzipiell nicht auf antihumanistische Mittel zur Erhaltung ihrer Existenz angewiesen, folgt, dass eine solche Annahmen implizierende Theorie an der Analyse der – barbarischen – ‚Ausfälle' der bürgerlichen Gesellschaft, so dem Völkermord in den Kolonien und der Shoah im Nationalsozialismus, scheitern muss. Auf diese Weise verweist uns die Kritik an gewissen reaktionären Gehalten der Hegelschen politischen Philosophie im Lichte der jüngeren deutschen Geschichte, auch zurück auf eine Kritik des bis heute etablierten (impliziten) Ethnozentrismus, insgesondere in den Gesellschaften, die sich selbst als ‚Erste Welt' charakterisieren.

---

51 Ebd.

4. Historisierte Dialektik – Horkheimers und Adornos unredliche Erben

1. „Wer vom Kapitalismus nicht reden will, soll auch vom Faschismus schweigen."

Dies ist einer der berühmtesten Sätze von Max Horkheimer, ausgesprochen sechs Jahre vor dem Ende des Nationalsozialismus, das von der Sowjetunion, den Vereinigten Staaten, Großbritannien und den anderen Alliierten militärisch durchgesetzt worden war. Horkheimer widersetzte sich den Versuchen über den Nationalsozialismus zu theoretisieren, ohne dessen enge Verbindung mit der kapitalistischen Reproduktionsweise zu berücksichtigen. Das Motto von Helmut Dubiels Buch, das hier erörtert werden soll, könnte in Umkehrung dieses Satzes lauten:

> Wer vom Faschismus reden will, braucht nicht mehr vom Kapitalismus zu sprechen.

Oder anders ausgedrückt:

> Wer den Kapitalismus nicht kritisieren mag, sollte seine Grausamkeiten einzig auf die des Faschismus verkürzen.

Dubiels Vorhaben ist es, über die reale und wissenschaftliche Geschichte Deutschlands zu theoretisieren und zu forschen, in erster Linie im Hinblick auf den Nationalsozialismus, *ohne* die Kontinuität der kapitalistischen Reproduktionsweise und der gesellschaftlichen und staatlichen bürgerlichen Institutionen in Betracht zu ziehen. Dubiels wissenschaftliches Projekt ist damit dem von Horkheimer und der kritischen Theorie im allgemeinen diametral entgegengesetzt. Dieser Punkt gibt zu denken, da Dubiel ohne weitere Zweifel oder Bedenken erklärt, distinguiertes Mitglied der *dritten Generation der kritischen Theorie* zu sein.[1]

---

1 „Nosotros, la tercera generación de la Escuela de Frankfurt". (Helmut Dubiel, *La Teoría Crítica. Ayer y Hoy.* Trad. Gustavo Leyva y Oliver Kozlarek. México, Universidad Autónoma Metropolitana – Iztapalapa, 2000, S. 47)

An keiner Stelle seines Buches erklärt Dubiel, warum er denkt, diese Selbstbezeichnung als „dritte Generation der kritischen Theorie" sei angemessen, um sein wissenschaftliches Projekt zu beschreiben. Er beschränkt sich vielmehr darauf, etliche Rechtfertigungen zu formulieren, um sich gegen diverse Kritiken zu verteidigen, die er just wegen dieser Selbstbezeichnung erhielt. Erst am Ende des Buches, in einem Interview mit Oliver Kozlarek, Miriam Madureira und Gustavo Leyva, teilt er dem Leser, der Leserin mit, dass er in den vergangenen neunziger Jahren Direktor des Instituts für Sozialforschung in Frankfurt war, das Amt, das Max Horkheimer vor und nach seinem Exil innehatte[2]. Diese institutionelle Kontinuität, so könnte das verstanden werden, wäre ein mögliches positives und nicht rein defensives Argument für die Berechtigung der erwähnten Selbstbezeichnung. Im Hinblick auf eine philosophische und gesellschaftswissenschaftliche Schule, die sich durch ihre vom Exil bedingte komplexe Geschichte nicht über einen bestimmten institutionellen Ort definiert, ist das Argument nicht sehr überzeugend. Die kritische Theorie war vielmehr ein kollektives und *antidisziplinäres* Projekt, das obwohl es ursprünglich am Frankfurter Institut für Sozialforschung sich zu entwickeln begann, seine produktive und kollektive Phase auch dann fortsetzte, als seine Mitglieder sich ihren Lebensunterhalt an verschiedenen Institutionen im Exilland verdienten, dabei aber die Diskussionsstrukturen über mehrere Jahre hinweg aufrechterhielten. Was dieses theoretische Projekt nach 1933 definitiv einen sollte, war keine formale Institution, sondern eher eine gemeinsame Fragestellung, die bereits vor dem Exil diese heutzutage so ungewöhnliche Zusammenarbeit von Wissenschaftlern aus allen Disziplinen ermöglichte, die heute als ‚Gesellschafts- und Geisteswissenschaften [*ciencias sociales* und *humanidades*]' bezeichnet werden. Diese Fragestellung war: Wie ist es möglich, dass die kapitalistische Produktionsweise, obwohl sie offensichtlich dysfunktional ist, im Hinblick darauf, eine Gesellschaft zu organisieren, die allen ihren Mitgliedern Nahrung, Wohnung, Bildung, Gesundheit, Recht, Freiheit und Demokratie gibt, nach wie vor besteht und sogar von der Mehrheit der Bevölkerungen zunehmend befürwortet wird? Es war primär diese Fragestellung und das kol-

---

2 Ebd. S. 131.

lektive Vorhaben sie zu beantworten, was Philosophen, Soziologen, Politologen, Ökonomen, Historiker, Rechtswissenschaftler und Psychologen einte, und nicht irgendein geographischer Ort. Dem ist so, obgleich diese theoretische Tradition allgemein weiterhin ‚Frankfurter Schule' genannt wird – eine Tatsache, die sogar Dubiel in seinem Buch problematisiert.[3] Es bleibt also weiterhin bei unserer anfänglichen terminologischen Frage, warum Dubiel auf der Selbstbezeichnung als „dritte Generation der kritischen Theorie" insistiert.[4]

2. Bevor wir auf Einzelheiten eingehen, ist zu erläutern, von welchem Punkt in der Topologie der zeitgenössischen Gesellschaftswissenschaft und Sozialphilosophie, unsere Argumentation ausgeht. Dubiel kennt in Bezug auf die kritische Theorie nur zwei mögliche Formen, sie heute zu verstehen: auf der einen Seite die fast blinde Verteidigung ihrer alten theoretischen Prinzipien und philosophischen Aussagen in ‚philologischer' Manier, welche die Möglichkeit ausschließt, diese Theorie auf aktuelle Debatten anzuwenden. Ferner ordnet er dieser Weise des Wiederaufgreifens der grundlegenden Resultate der kritischen Theorie die Unfähigkeit bei, heute „im Innern" der politischen und gesellschaftlichen Probleme zu sein, womit keine Möglichkeit mehr bestehe, auf konkrete politische Fragen einzuwirken.[5] Er erwähnt den Fall von Theoretikern, die diese Theorie als Teil der Philosophiegeschichte untersuchen, ohne die Radikalität ihrer Kritik auf den Kapitalismus der zeitgenössischen Gesellschaft anzuwenden. Diese wissenschaftliche Vorgehensweise gibt es zweifellos in Verbindung mit der kritischen Theorie, so wie sie in Verbindung mit allen großen philosophischen Projekten der Geschichte existiert hat und existiert.

Auf der anderen Seite sieht Dubiel das was er, voller Bescheidenheit, als *zweite und dritte Generation der kritischen Theorie* bezeichnete. Die zweite wäre demnach Habermas, die dritte vor allem Axel Honneth und er selbst. Dubiel zufolge sind sie die wahren Erben der kritischen Theorie, weil sie einige ihrer bedeutendsten Prinzipien und Resultate (er sagt nicht,

---

3 Ebd. S. 133.
4 Ebd. S. 47.
5 Siehe ebd. S. 51 und S. 61.

welche) wieder aufnehmen (dies deutet er an, ohne es offen auszudrücken) und sie auf aktuelle Probleme anwenden. Sollte es im Zuge dieser ‚Anwendungen' – nach Einschätzung der *Anwender* – notwendig sein, einige wesentliche Postulate oder Resultate der so genannten ersten Generation zu verändern, so wird dies ohne Zögern getan, just do it. Ob dies dazu führt, dass einige der wertvollsten von der kritischen Theorie erlangten Erkenntnisse verloren gehen, ist ihm dabei ebenso nebensächlich wie die Möglichkeit, diesen Erkenntnisverlust zu vermeiden; wichtig ist die Fähigkeit, „im Innern" des *circo mundi* zu sein und nicht in der Position der Exteriorität zu verharren, in der er die deutschen Juden im Exil in den Vereinigten Staaten verortet. (Nebenbei sei bemerkt: Dubiel verwechselt diese geographische Exteriorität mit einer politischen Exteriorität: der Einfluss der kritischen Theorie, zum Beispiel von Herbert Marcuse und Franz Neumann, auf die Politik der Vereinigten Staaten während des Krieges und in den ersten Jahren danach, war viel größer als der heutige politische Einfluss von Dubiel und Honneth zusammen. Auch der politische und gesellschaftliche Einfluss von Horkheimer und Adorno in den ersten Jahren der Bundesrepublik Deutschland war viel größer als der von Habermas in seinem bisherigen Leben, da ihre Theorie eine enorme Wirkung auf die 68er Studenten und Jugendlichen ausübte, mit relevanten – bis heute spürbaren – Folgen für die BRD. Diese Relevanz beruhte zu einem großen Teil genau darauf, dass sie weder während des Nationalsozialismus noch nach 1945 sich einer politischen Organisation zuwandten, was ihnen – wie sie sagten – erlaubte, sich intensiver der Emanzipation zuzuwenden, als es sich Dubiel und Habermas vorstellen können.)

Aber was ist dann unsere Position, wenn es keine der beiden oben beschriebenen im Sinne von Dubiel ist? Es ist die Position, im Theoretischen mit dieser radikalen Kritik an der kapitalistischen Reproduktionsweise fortzufahren, die zudem die sozioökonomische und psychologische Basis des Nationalsozialismus bildete, in Verbindung mit einem Projekt der politischen Intervention außerhalb der etablierten Parteien. Dubiel weiß sehr wohl um die Existenz dieser Position, die es in Frankfurt viele Jahre lang gab; zum Beispiel in der studentischen Hochschulgruppe *Undogmatische Linke*, hinter der lange Zeit die relative Mehrheit der Studenten stand, die sich an den Wahlen zur Verfassten Studentenschaft und den Hochschulorganen beteiligten, denn wir setzten uns mit ihm, Honneth und Habermas mehr als einmal öffentlich auseinander. Er muss seine Gründe dafür haben, diese dritte Position gegenüber der kritischen Theorie zu übergehen und die zweite – seine eigene – als die einzige zu präsentieren, die gegenwärtig in der Lage sei, politischen Einfluss auszuüben.

3. Kommen wir nun auf das Thema des Nationalsozialismus und die Rolle, die er für die kritische Theorie spielt, zurück. Dubiel behandelt den Nationalsozialismus als eine bestimmte, zweifelsohne abgeschlossene, historische Etappe. Eine aktuelle Präsenz des Nationalsozialismus sieht er lediglich auf psychologischer Ebene in der Form von möglichen „Traumata"[6] der Überlebenden und derer, denen es gelang, der *Bestimmung* zu entkommen, welche die nationalsozialistische Volksbewegung für sie vorgesehen hatte: den Tod in der Gaskammer. Dubiel hält das definitive Ende dieses historischen Projekts, das der Großteil der deutschen Bevölkerung unterstützt oder zumindest durch Schweigen gebilligt hatte, für ausgemacht (es sei daran erinnert, dass Hitler auf demokratischem Weg an die Macht kam und nicht Selbstmord beging, weil die deutschen Massen sich gegen ihn erhoben hätten, sondern weil die Rote Armee einige wenige Kilometer östlich von Berlin stand und die US-amerikanischen und britischen Truppen im Süden von Deutschland). Ausgehend von dieser Annahme, die sich durch das ganze Buch zieht, entwickelt er die Argumentation einer notwendigen historischen Begrenzung der Radikalität der Kritik in der kritischen Theorie der Gesellschaft. Für die heutige Zeit, in der die Folgen des Kapitalismus – zumindest in Deutschland – weniger unmenschlich sind als zwischen 1933 und 1945, wünscht er sich eine in ihrer Kritik weniger radikale Theorie. Sein Projekt ist eine kritische Theorie, eine ansehnliche kuschelig kritische Theorie. Wenn wir ihn insofern richtig verstehen, ist sein Motto die *critique à la carte*: dem Hitler seinen Horkheimer, Adorno und Marcuse, dem Schröder seinen [bzw. der Merkel ihren] Habermas, Honneth und Dubiel.

Diese Argumentation Dubiels ist zumindest in dreifacher Hinsicht fragwürdig:

---

6   Ebd. S. 27.

ERSTENS. Es gibt viele Autoren – unter ihnen auch einige, die vor dem Nationalsozialismus flüchten mussten –, die davon überzeugt waren, dass der Nationalsozialismus eine Unterbrechung, ein Betriebsunfall der Weltgeschichte, der deutschen Geschichte, der Geschichte der bürgerlichen Gesellschaft und der Geschichte des Kapitalismus war. Selbst unter den kapitalismuskritischen Klassikern, den Marxisten, gab es Positionen, die in diese Richtung gingen. Das Spezifische an der kritischen Theorie besteht aber genau darin, die These des historischen Betriebsunfalls nicht zu teilen, in der tiefen Überzeugung, dass das im Nationalsozialismus Geschehene, nur in einem sehr weit reichenden historischen Kontext zu verstehen (oder zumindest zu beschreiben) ist. Diese Position zu verteidigen, bzw. nicht zu verteidigen, hat nichts mit dem historischen Moment zu tun, in dem ein Autor lebt und schreibt, sondern es geht nur um verschiedene theoretische Positionen und Befunde.

Seltsamerweise besteht Dubiel auf der Position dieser anderen theoretischen Schulen (wie zum Beispiel des Wiener Kreises, dessen überwiegend jüdische Mitglieder auch Gegner des Nationalsozialismus waren und aus diesen Gründen ins Exil gehen mussten), tut dies allerdings ohne offen die theoretischen Postulate zu übernehmen, aufgrund derer sie mit einer gewissen Kongruenz zu dieser Schlussfolgerung gekommen waren. Er möchte im Anekdotischen zur kritischen Theorie gehören, aber im Theoretischen wie ihre scharfsinnigsten Gegenspieler denken.

Für die kritische Theorie ist die Vernichtung der europäischen Juden, die Shoah, das Schlüsselereignis des Nationalsozialismus, jedoch erwähnt Dubiel dieses *Detail* in seinem Buch nicht. Auch in diesem Sinne erinnern seine Ausführungen an gewisse Theorien, denen es gegenwärtig darum zu tun ist, den Nationalsozialismus historisch zu relativieren. Deshalb müssen diese Theorien unter den vom Nationalsozialismus verursachten Tatbeständen denjenigen unterbewerten, der heute in Europa am meisten präsent ist: die Abwesenheit der europäischen Juden. Keine andere Folge des Nationalsozialismus ist so relevant für das *heutige* Alltagsleben wie diese, und genau deshalb passt es nicht, sie zu erwähnen, wenn vom Nationalsozialismus als etwas gesprochen werden soll, was schlicht und einfach *Geschichte geworden ist*.

Die Autoren, die bis heute jene Tradition der Interpretation oder Beschreibung des Nationalsozialismus am kongruentesten fortsetzen, sind genau diejenigen, die sich selbst nicht als die *Generation X* der kritischen Theorie bezeichnen. Aber ohne Zweifel sind sie es, welche die Resultate der kritischen Theorie tatsächlich auf die aktuelle Situation anwenden. Die Produkte ihrer Forschungen wirken sich viel nachhaltiger auf die Entwicklung der heutigen Gesellschaften aus als die Arbeiten derer, die sich selbst als die dritte Generation bezeichnen. Wir beziehen uns vor allem auf Raul Hilberg, der verschiedene zentrale Thesen des *Behemoth* von Franz Neumann wieder aufnimmt, um sein monumentales Werk *Die Vernichtung der europäischen Juden*[7] zu schreiben sowie auf Claude Lanzmann, der ausgehend von verschiedenen Schlüsselaspekten dieses Buches, das beste filmische Werk aller Zeiten schuf: *Shoah*.

ZWEITENS. Dubiels Hypothese, der Nationalsozialismus hätte für die aktuelle Theorie der Gesellschaft keine maßgebliche Relevanz mehr ist falsch, denn der Nationalsozialismus hat zu siegen nicht aufgehört. Während die meisten Opfer nach wie vor weder Namen noch Grab haben und niemanden, der um sie weint oder zu irgendeinem Zeitpunkt um sie geweint hätte, blieben die Mörder in der BRD in fast allen Fällen bis zu ihrer Pensionierung oder ihrem Tod auf ihren Posten. Jürgen Habermas selbst, den Dubiel uns als die zweite Generation vorstellt, verteidigte seinerzeit, im Jahr 1988, in den Kollegialorganen der Universität Frankfurt die Tatsache, dass der damalige Universitätspräsident fünf der bedeutendsten Verwaltungsgrößen der nationalsozialistischen Ökonomie eingeladen hatte, um sie als Personen mit vorbildlichen Biographien vorzustellen, damit sie auf den für die Studenten organisierten Großveranstaltungen Reden hielten.

Der Autor musste sich im Senat der Universität Frankfurt persönlich mit diesem Habermas auseinandersetzen, dem es, mit den Worten Dubiels, darum zu tun war, ‚von Innen heraus' Politik zu machen, um nicht

---

7 Raul Hilberg, *Die Vernichtung der europäischen Juden,* durchgesehene und erweiterte Auflage, Frankfurt am Main, S. Fischer, 1999, 3 Bde. Originalausgabe: *The Destruction of the European Jews,* durchgesehene und endgültige Auflage. 3 Bde, New York, Holmes & Meier, 1985.

außen vor zu bleiben. Gerade zu jenem Zeitpunkt, von der oben erwähnten, und von Dubiel nicht als möglich erkannten, dritten theoretisch-politischen Position ausgehend, konnte dieser späte Sieg von einigen der hervorstechendsten Komplizen der Nationalsozialisten in der zeitgenössischen politischen Realität verhindert werden, wenn auch auf einem begrenzten Raum. (Am Rande sei bemerkt: ein einziger Professor der Universität Frankfurt, Egon Becker, unterstützte die kritischen Studenten im universitären Senat. Er begründete dies mit der Tatsache, dass sein Schwiegervater in einem Konzentrationslager inhaftiert gewesen war. Während der Senatssitzung sprach der Universitätspräsident aufgrund dieser Kritiken scharfe Drohungen gegen Becker aus; Habermas, der in seinem Werk unablässig den freien Gedankenaustausch lobt, schwieg einige Augenblicke, um dann den ‚Kompromissvorschlag' des Universitätspräsidenten zu unterstützen, der darauf hinauslief, das Gästespektrum zu erweitern und für jeden distinguierten Helfershelfer des Nationalsozialismus eine Person aus der deutschen intellektuellen Linken einzuladen.)

Schlussendlich gewannen wir Studenten diesen innneruniversitären Konflikt, der Auswirkungen auf nationaler Ebene zeitigte, nachdem die Regierung des Bundeslandes Hessen sowie die *Frankfurter Allgemeine Zeitung*, die wichtigste konservative Zeitung der BRD, uns letztlich folgten bei der Kritik an diesem außerordentlichen Vorfall an der Universität Frankfurt, der der Kontinuität der Akteure des nationalsozialistischen Systems Vorschub leistete[8]. Diese Ereignisse waren in gewisser Weise relevant für die spätere Entwicklung der BRD. Nach unserer Information wagten es diese geladenen Personen nie wieder, sich in einer deutschen Universität als Vorbild für die Jugend zu präsentieren. Die meisten von ihnen starben, ohne diese ‚Würdigung' zu erhalten, die ihnen in anderen Kreisen der BRD sehr wohl zu Teil wurde. Dieser Konflikt zeigt, wie die Reinterpretation der kritischen Theorie durch die selbsternannte zweite und dritte Generation nicht mit der Wirklichkeit eines Endes der Relevanz des Nationalsozialismus für die heutige Zeit zusammen geht, son-

---

[8] Vgl. „Furcht um Harmonie zwischen Geist und Geld". In: *Frankfurter Allgemeine Zeitung*, Frankfurt am Main, 14. Juli 1988, Nr. 161, S. 27. Im Internet: http://www.scribd.com/doc/161097066/Furcht-um-Harmonie-zwischen-Geist-und-Geld.

dern friedlich koexistiert mit der Kontinuität vieler seiner Strukturen und Akteure auf politischer und gesellschaftlicher Ebene.

DRITTENS. Dubiel behauptet, die Analysen der kritischen Theorie konzentrierten sich lediglich auf den Nationalsozialismus und mit der Entwicklung der Nachkriegsgesellschaft seien andere Phänomene wichtiger geworden, weshalb eine derartig radikale Kritik überholt sei. Hierbei übergeht er die Tatsache, dass Horkheimer und Adorno in ihrer *Dialektik der Aufklärung* – ein Buch, das Dubiel ausgerechnet als Beispiel für diese These benutzt – auch diejenige Gesellschaft analysieren, die sie als Exilierte aufgenommen hatte. Dies wird besonders im Kapitel über die Kulturindustrie deutlich, aber auch im ersten über den Begriff der Aufklärung. Im Kapitel über die Kulturindustrie verwenden sie mehr Beispiele aus der US-amerikanischen Gesellschaft der vierziger Jahre als aus der deutschen nationalsozialistischen Gesellschaft. Sogar in dem überaus relevanten Kapitel über die „Elemente des Antisemitismus", das systematisch in nahezu der gesamten Sekundärliteratur ausgeschlossen oder marginalisiert wird, ist die nordamerikanische Gesellschaft präsent, besonders in der Terminologie der These VII, in der sie den Begriff des ‚antisemitischen *Tickets*' entwickeln.

Selbst auf den ersten Blick basiert das Buch also nicht ausschließlich auf den Erfahrungen des Nationalsozialismus, sondern gleichermaßen auf der Exilerfahrung in einem Land mit einem ‚durchschnittlichen', ‚normalen' Kapitalismus. Seltsamerweise können wir beobachten, wie Dubiel – obwohl er in seinem Buch darauf insistiert, dass die meisten Texte der kritischen Theorie in den Vereinigten Staaten verfasst worden sind – die oben beschriebene Tatsache nicht erwähnt, offensichtlich im Bestreben der kritischen Theorie ihren Stachel zu ziehen, indem er sie ihrer philosophischen Radikalität beraubt, sie historisiert, das heißt: einfriedet.

VIERTENS. Dubiel *et alii* als die dritte Generation der kritischen Theorie.

Kommen wir auf den Punkt zurück, an dem Dubiel darauf besteht, einer der wenigen Repräsentanten der „Kritischen Theorie Heute" zu sein.

Um diese Selbstbezeichnung zu begründen muss Dubiel, neben dem beschriebenen und kritisierten Historisieren der kritischen Theorie, sich noch anderer möglicher Erben dieser Schule entledigen. Selbstredend käme es ihm niemals in den Sinn, an die beiden bereits erwähnten Autoren zu denken: sie leben im Ausland und sind Juden. Die neue kritische Theorie möchte innerhalb einer Gesellschaft sein, die nahezu alle Juden tötete und in der die meisten Überlebenden es vorzogen, *außerhalb* dieser Gesellschaft zu bleiben. Aber es gibt noch weitere Personen, die auszuschließen sind. Es ist nicht möglich, und zudem wenig Erfolg versprechend, darüber zu diskutieren, wer im gegenwärtigen universitären oder wissenschaftlichen Umfeld der (natürlich in stetiger Entwicklung begriffenen) kritischen Theorie am nächsten stehen könnte oder auch nicht. (In Mexiko wäre Bolívar Echeverría ein ausgezeichneter Kandidat, der, aus unser Sicht, mehr zu etwas wie einer neuen kritischen Theorie beigetragen hat, als die sich selbst so bezeichnenden neuen Generationen in Deutschland zusammen). Ein Gelehrter darf jedoch nicht unerwähnt bleiben: Alfred Schmidt; zweifellos in seiner Art des Philosophierens der Denker, der am Institut für Philosophie der Universität Frankfurt der Tradition der kritischen Theorie am nächsten steht. Dubiel, der freigebig Namen von möglichen Kandidaten für die vermeintlich neuen Generationen nennt, erwähnt ihn an keiner Stelle. Damit folgt er dem Beispiel von Habermas, der in seinem jahrelangen Bestreben, der einzige Erbe der kritischen Theorie zu werden, so tat, als gäbe es Schmidt gar nicht. In den sechziger Jahren war jener Assistent von Adorno und dieser Assistent von Horkheimer. Wir möchten uns nicht auf die Debatte einlassen, wie nahe Alfred Schmidt der von Horkheimer, Adorno, Marcuse, Neumann, Kirchheimer, und so weiter begründeten Denktradition steht. Was aber ins Auge springt, ist eine Behauptung, die Dubiel in diesem Zusammenhang aufstellt. Auf Seite 81 erklärt er: „Die Natur ist nicht mehr – wie es noch im Marxismus der Fall war – eine zur restlosen kollektiven Verfügung gestellte Dingwelt".[*]

---

[*] Anmerkung zur deutschsprachigen Ausgabe: Eine ähnliche Formulierung findet sich auf Deutsch in der folgenden Passage von Dubiel: „In der »Dialektik der Aufklärung« scheren Horkheimer und Adorno so behutsam wie entschieden aus der theoretischen Tradition des historischen Materialismus aus. [...] Die Natur erscheint in dieser Perspektive nicht als eine der Menschengattung gegenüberstehende, zur restlosen Verfügung gestellte Dingwelt, sondern selbst als »alter ego« des Menschen". (Helmut Dubiel, *Kritische Theorie der Gesellschaft. Eine einführende Rekonstruktion von den Anfängen im Horkheimer-Kreis bis Habermas,* Weinheim, Juventa, Reihe: Grundla-

Hier *vergisst* Dubiel gänzlich das weltweit bekannte Buch von A. Schmidt aus dem Jahr 1966, *Der Begriff der Natur in der Lehre von Karl Marx*.[9] In diesem Buch untersucht Schmidt im Rahmen der marxistischen Diskussion eingehend die Relevanz der Natur als eben *nicht* vollständig durch den Menschen und seinen Willen kontrollierbare Instanz, über die er unbegrenzt verfügen könne. Schmidt war jedoch nicht nur einer der Ersten in der philosophischen Diskussion des Marxismus, sondern auch in der westlichen Philosophie und Gesellschaftswissenschaft seiner Zeit war er es, der den alten Gedanken einer den Menschen und ihrem Willen ausgelieferten Natur kritisierte. Habermas, Dubiels großes Vorbild, erkannte in diesen Jahren nicht einmal die Relevanz dieser Problematik. Dass Dubiel die oben genannte Behauptung aufstellt, ohne dieses Buch von Schmidt zu erwähnen, ist auf die habermasianische Tradition – in welcher er steht – zurückzuführen, die den anderen möglichen ‚Erben' der kritischen Theorie totschweigt.

Der Umstand, dass weder Schmidt noch seine Schüler sich auf diesen Streit über das Erbe des Ansehens der kritischen Theorie eingelassen haben, bezeugt nichts anderes als eine ausgeprägtere wissenschaftliche Seriosität.[**]

---

gentexte Soziologie, 1988, S. 87 f.) Auch in diesem Buch erwähnt Dubiel mit keinem Wort Alfred Schmidts davon völlig abweichende Interpretation des Marxschen Naturbegriffs, die sich im Gegensatz zu Dubiel nicht vom dogmatischen Marxismus blenden lässt und im Auftrag von Horkheimer und Adorno durch Alfred Schmidt so herausgearbeitet wurde. (S.G.)

9   Alfred Schmidt, *Der Begriff der Natur in der Lehre von Marx*, Frankfurt am Main, Europäische Verlagsanstalt, 1971.

** Anmerkung zur deutschsprachigen Ausgabe: Alfred Schmidt starb am 28. August 2012 in Frankfurt am Main. An der Universidad Nacional Autónoma de México fand am 7. November 2012 eine sehr stark beachtete und besuchte Gedenkveranstaltung mit sieben Vorträgen zu seinem Werk statt. Ein Teil der Vorträge ist dem/der des Spanischen mächtigen Lesers/Leserin zugänglich in der Alfred Schmidt gewidmeten Zeitschriftennummer von *Utopía y Praxis Latinoamericana. Revista Internacional de Filosofía Iberoamericana y Teoría Social*. Facultad de Ciencias Económicas y Sociales. Universidad del Zulia, Venezuela. Jg. 18. núm. 61, April-Juni 2013. Abrufbar auch im Internet unter: http://www.redalyc.org/revista.oa?id=279. (S.G.)

FÜNFTENS. Auch wenn mehrere problematische Punkte von Dubiels Buch unerwähnt geblieben sind, beenden wir unsere Ausführungen hier mit der folgenden abschließenden Überlegung: warum besteht Dubiel darauf, die kritische Theorie zu historisieren und sie auf ein „Klagen Horkheimers" über den Nationalsozialismus[10] oder einen von der Shoah ausgelösten „existentiellen *Schock* in einer Theorie"[11] zu reduzieren, während er die eigene Theorie, zusammen mit der von Habermas, zu einer universalen Gesellschaftstheorie erklärt, die vorgeblich unabhängig von ihrem soziohistorischen Ursprung gültig ist: die BRD in den Jahren ihres Wiederaufbaus nach dem Nationalsozialismus? Wir zitieren Dubiel:

> Befragt über das organisierende Motiv seiner Philosophie, verweist Habermas auf die Absicht, der kritischen Theorie der Gesellschaft eine feste begriffliche Grundlage zu geben. Und dieses Fundament – von dem er denkt, dass historischepochale Traumata es nicht anzutasten haben – besteht in einem *kommunikativen* Begriff der Vernunft.[12]

Hier präsentiert Dubiel affirmativ das Projekt von Habermas und erklärt es für suprahistorisch, während er die Erfahrung des Genozids auf eine quasi individuelle Erfahrung reduziert, auf ein „Trauma", einen „Schock".

Ist es nicht genau umgekehrt?

Warum spricht er an keiner Stelle von Habermas' „Pragmatismus", als dieser 1988 den Präsidenten der Universität Frankfurt anlässlich der geplanten Einladungen an mindestens fünf hochrangige Kollaborateure des nationalsozialistischen Systems unterstützte, sondern lediglich von dem „ganz eigenen Pragmatismus"[13] des Instituts für Sozialforschung in sei-

---

10 Helmut Dubiel, *La Teoría Crítica. Ayer y Hoy*, a.a.O. S. 84.
11 Ebd. S. 82
12 Ebd. S. 27. Das Zitat lautet in der hier diskutierten mexikanischen Veröffentlichung „Interrogado en torno al motivo que organiza toda su filosofía, Habermas remite a la intención de suministrar a la Teoría crítica de la sociedad una base conceptual sólida. Este fundamento – que cree que no puede ser tocado por traumas histórico-epocales – consiste en un concepto *comunicativo* de la razón." (Ebd.) Eine ähnliche Formulierung, an die wir uns hier bei der Übersetzung ins Deutsche soweit wie möglich angelehnt haben, findet sich in: Helmut Dubiel, *Kritische Theorie der Gesellschaft*, a.a.O. S. 91.
13 Helmut Dubiel, *La Teoría Crítica. Ayer y Hoy*, a.a.O. S. 80.

nen ersten Jahren? Warum spricht er nur von der Opferrolle der Autoren der ‚klassischen' kritischen Theorie und nicht von der Tatsache, dass Habermas in der deutschen Wehrmacht für die Sache des Hitlerregimes kämpfte? Warum schreibt er von Horkheimers und Adornos Traumata und nicht von denen Habermas'? Warum soll die Analyse der scheinbar demokratische Erfahrung der BRD ein soliderer Ausgangspunkt sein für eine universelle Theorie der bürgerlichen Gesellschaft – um die es ihm zu tun ist –, als die Analyse der blühendsten Phase des Kapitalismus in Deutschland zwischen 1933 und 1945? (Wir betonen: *Analyse* dieser Phase deutscher Geschichte, und nicht die direkte Bezugnahme auf selbst erlebte Verfolgung – wie Dubiel falsch personalisierend suggeriert –, die aus dieser Gruppe so nur Walter Benjamin widerfuhr, der bei seiner gescheiterten Flucht den Freitod wählte, um nicht in die Hände der Nationalsozialisten zu fallen.) Oder direkter ausgedrückt: Warum ist die Perspektive der Deutschen, die im nationalsozialistischen System blieben, die, wie im Falle von Habermas und Dubiel, von (Ex-) Nazis erzogen, beziehungsweise ausgebildet wurden, mehr eine ‚von innen her' als die Perspektive der Exilierten, der Toten und Ausgegrenzten?

Die Art und Weise, in der Dubiel die kritische Theorie historisiert und Habermas, Honneth und sich selbst verewigt, ist – bei allem Respekt – die Sicht des Gewinners. Aber nicht des Gewinners einer freien, wissenschaftlichen und rationalen Debatte, sondern schlicht und einfach die des *heutigen* Gewinners auf politischem und gesellschaftlichem Terrain.

Diese Darstellungsweise hinzunehmen, ohne sie der ihr gebührenden Kritik zu unterziehen, hieße, die kritische Theorie – begleitet von den Feiern einer angeblichen Reinkarnation in der so genannten zweiten oder dritten Generation – für immer zu begraben. Es wäre der späte, aber endgültige Sieg über das Erbe der liberalen bürgerlichen Juden in Deutschland (die einzigen deutschen bürgerlichen Liberalen, die es jemals gab).

Schließlich ist klarzustellen, dass diesem Kommentar, obgleich in Mexiko geschrieben, freilich die Perspektive der Diskussionen in der BRD zugrunde liegt. Wir wissen, dass die Diskussionen über Theorie und Praxis, Kritik und Negativität, Innen und Außen, historische Bedingungen und universelle Geltung und so weiter in Mexiko für gewöhnlich teilweise anders geführt werden. Aber diese Problematiken hier aufzugreifen, würde einen separaten Kommentar darstellen.

Wir möchten uns in diesem Sinne und in aller Aufrichtigkeit bei Gustavo Leyva und Oliver Kozlarek für die Wiederbelebung der Diskussion über die kritische Theorie in Mexiko bedanken, die von dem von ihnen herausgegebenen Buch von Helmut Dubiel ausgeht. Wir hoffen, die Diskussion wird auch künftig in diesem Land Früchte tragen, denn es könnte der geeignete Ort für eine neue kritische Theorie der Gesellschaft sein, die etwas mehr als nur den Namen dieses in der jüngeren Geschichte einzigartigen Projekts wieder aufgreift.

5. Moderne und Identität – Aktualität der sozialphilosophischen Reflexion

Vorbemerkungen

Die folgenden Thesen haben als Kontext die gegenwärtigen Versuche, dem Rassismus und Sexismus und anderen Formen von Unterdrückung von gesellschaftlichen Minderheiten oder Gruppen, die den Status von Minderheiten haben, ohne es zu sein, entgegenzutreten. Keinem gesellschaftlichen Subjekt kann das Recht zur Selbstverteidigung und das Recht, für seine Emanzipation zu kämpfen, abgesprochen werden, aber es ist angebracht, einige kritische Anmerkungen zu der Art und Weise zu machen, wie in diesem Streben nach Emanzipation argumentiert wird. Der Autor, sozial definiert als ‚Weißer', ‚Mann', ‚Europäer' und so weiter, formuliert diese Thesen, nicht um die gesellschaftliche Position, die er möglicherweise aufgrund dieser Attribute haben könnte, zu bestätigen, sondern, um einige Beschränkungen aufzuzeigen, welche die Begriffe *Identität* und *Differenz* im Rahmen emanzipatorischer Bestrebungen mit sich bringen können.

Vor zweihundert Jahren wurde versucht mit dem Begriff der *Gleichheit* eben das zu erreichen, was heutzutage mit dem Begriff der *Differenz* zu Wege gebracht werden soll: die Überwindung der Unterdrückung, das Ringen um Emanzipation. Bemerkenswert ist dabei, dass diese Bedeutungsverschiebung jener Begriffe praktisch in keiner der gegenwärtigen Debatten zur Differenz behandelt wird. Was ist der Grund dafür?

Es gibt eine Parabel, die von einer alten Gesellschaft erzählt, in der es als Tatsache galt, dass die Welt auf dem Rücken von vier gigantischen Elefanten stünde. Alle Philosophen und Weisen sorgten sich ohne Unterlass um eine Frage: von welcher Farbe waren die Elefanten? Einige waren überzeugt, dass sie rosafarben und andere, dass sie grau waren, während eine andere philosophische Tendenz verteidigte, dass sie entweder rosa oder bunt waren. Könnte es sein, dass die gegenwärtigen Debatten zu *Gleichheit* und *Differenz* diesen elefantischen Diskussionen ähneln?

Differenz und Identität

1. Die Begriffe *Differenz* und *Identität* haben den gleichen historischen und logischen Ursprung wie der Begriff der *Gleichheit*, mit dem sie polemisieren, d.i. die Ideen der Aufklärung, die liberale Kultur, die bürgerliche Gesellschaft und die kapitalistischen Produktionsverhältnisse.

Der bürgerliche Individualismus entwickelte sich genau in dem Augenblick, da die realen Unterschiede zwischen Regionen, Kulturen und so weiter aufgrund der überwältigenden Vermassung aller gesellschaftlicher Verhältnisse und ihrer Subjekte verloren gingen.

Die kapitalistische Produktionsweise basiert notwendigerweise auf dem doppelten Spiel von *Gleichheit* – die im Wert oder Tauschwert und dem gesellschaftlichen Charakter der Produktion und der Produzenten zum Ausdruck kommt – einerseits, und Differenz – die sich im Gebrauchswert und dem privaten Charakter der Produktion und der Produzenten realisiert – andererseits. Das heißt, der Doppelcharakter der Waren und seiner Produzenten ist die Einheit von Gleichheit und Differenz oder, in anderen Worten, die Einheit der Identität und der Nichtidentität, was die Grundlage der gesamten bestehenden gesellschaftlichen Ordnung ist.

2. Die selbsternannten ‚postmodernen' Positionen, die auf der *Differenz* und der *Identität* von jedem Einzelnen im Unterschied zur Identität des *Anderen* bestehen, sind nichts anders als eine Variante der Unfähigkeit der Moderne, sich selbst zu verstehen, das heißt, den Doppelcharakter ihrer gesellschaftlichen Verhältnisse als notwendigerweise ebenso *gleiche* wie *ungleiche* (differentielle) zu begreifen. Es gibt im allgemeinen zwei Formen dieses Unverständnisses. Einerseits fordert die klassische Position das Recht zur *Gleichheit* oder Gleichheit vor dem Gesetz ein, aber in dieser Position wird in naiver Weise vergessen, dass die Gleichheit auch

eine notwendige Grundlage der gegenwärtigen Ausbeutung und Unterdrückung ist. Andererseits vergessen die ‚postmodernen' Kritiker der Gleichheit, welche die Differenz feiern, dass diese *Differenz* auch ein unentbehrlicher Teil des gegenwärtigen repressiven und exploitativen Gesellschafts- und Wirtschaftssystems ist.

Der interne Widerspruch oder der Doppelcharakter der kapitalistischen Moderne können weder durch das Begraben der Gleichheit noch durch das Verschmähen der Differenz, sondern nur durch die kritische Analyse des dialektischen Verhältnisses, das zwischen ihnen besteht, überwunden werden. Das heißt, die Überwindung der Grenzen der herrschenden Moderne gelingt nicht im angeblichen Auszug aus ihr (begleitet von der ausufernden Benutzung der Vorsilbe ‚post'), sondern es ist vielmehr von Nöten, innerhalb der existierenden Moderne so tiefgehend wie möglich die falschen Grundlagen der aktuellen kapitalistischen Moderne zu analysieren.

Der Mehrwert kann in den gegenwärtigen ökonomischen Verhältnissen nur auf Grundlage des, gleichzeitig realen wie fiktiven, Äquivalententauschs im Moment des Kaufs/Verkaufs der grundlegenden Ware des Kapitalismus, d.i. die Arbeitskraft, geschaffen werden. Dieser Tausch ist einerseits einer von Äquivalenten in dem Sinne, dass dem Arbeiter – im allgemeinen – der Wert der Ware, die er verkaufen muss, d.i. seine Arbeitskraft, gezahlt wird. Gleichzeitig ist dieser Austausch keiner von Äquivalenten, weil die Arbeitskraft eine Eigenschaft hat, die keine andere Ware, mit der sie getauscht wird, aufweist: die Fähigkeit, *Wert zu schaffen*.

Das komplizierte Spiel von *Gleichheit* und *Differenz* ist auch das Geheimnis der gegenwärtigen internationalen Verhältnisse, insbesondere zwischen den Ländern der so genannten ersten Welt einerseits und der Länder der so genannten dritten Welt andererseits. Die Gleichheit, die in internationalen Verträgen wie NAFTA ihren Ort hat, garantiert den freien Fluss von Waren und Werten. Währenddessen garantiert die Differenz, z.B. bezüglich der Ausbildungsniveaus und der technologischen Entwicklung, die sich in den unterschiedlichen Lohnhöhen widerspiegelt, einen Ausbeutungsgrad, der in jedem *unterschiedlichen* und *einzigartigen* Fall sein Maximum erreicht und durch keinerlei irgendwie geartete *Gleichheit*, z.B. im Arbeitsrecht, eingeschränkt wird. Die gesetzliche Unterbindung des Aufbaus von binationalen (oder multinationalen) Gewerkschaften ist das *differentiale* Gegenstücke zur *Gleichheit* der Bedingungen für die Investoren der NAFTA-Länder. Nur diese fein entwickelte Kombination von *Gleichheit* und *Differenz* verwirklicht den ehernen Traum gewisser sozialer Klassen: *maximale Gewinne*. Der Begriff der Differenz schreckt sie nicht, sondern gefällt ihnen sogar, so wie ihre bürgerlichen Vorgänger vor zweihundert Jahren auch nicht die Gleichheit fürchteten, sondern für sie als *conditio sine qua non* der kapitalistischen Produktionsweise kämpften.

Es konnte sogar gefragt werden, ob der Begriff der *Differenz* nicht in einer bestimmten Weise mit dem gegenwärtigen bürgerlichen Zynismus harmoniert, der sich nicht mehr an die historische Versprechung des *Glücks für alle* erinnern möchte; eine Versprechung, mit der große Bevölkerungsteile für den revolutionär-bürgerlichen Kampf mobilisiert werden konnten. Da diese Versprechungen im kollektiven Gedächtnis vor allem mit dem Begriff der *Gleichheit* verbunden sind, könnte das Verwerfen dieses Begriffs sowie das Einklagen der Differenz, und sei es mit emanzipatorischen Absichten, aus bürgerlicher Perspektive mit Genugtuung betrachtet werden.

3. Der Begriff der Differenz hat noch einen weiteren Mangel. Im allgemeinen wird davon ausgegangen, dass der Hass auf *den* Anderen, wie er sich zum Beispiel im Rassismus, im Antisemitismus oder im Sexismus ausdrückt, ein Hass auf das Unbekannte, das Fremde, das nicht Vertraute, das heißt, auf *das* ‚Andere' im weitesten Sinne des Wortes sei.

Diese Lesart tappt in die Falle, dem Rassisten, Antisemiten oder Sexisten Glauben zu schenken. Doch das Reden und andere Äußerungsformen dieser Herkunft sind nicht notwendigerweise zutreffend. Es existiert vielmehr die gebieterische Notwendigkeit einer tiefgehenden Analyse der zentralen Gründe für den Hass auf den so genannten *Anderen*.

Wenn ein Rassist sagt, dass diejenigen anderer Hautfarbe faul sind und nicht arbeiten wollen, um zu rechtfertigen, dass jemand anderer Hautfarbe die schmutzige und schwere Arbeit anstelle von ihm erledigt, ist dies dann tatsächlich ein Hass auf *das Andere*? Wenn ein Antisemit sagt, dass Juden nur an Geld denken, um zu rechtfertigen, dass er mittels der ‚Arisierung' zu schnellem Reichtum kam, hasst dann er Antisemit tatsächlich *das Andere*? Wenn ein Sexist sagt, dass Frauen schwach und irrational sind, als Rechtfertigung für die Tatsache, dass eine Frau ihm das ganze Leben organisieren muss, weil er nicht fähig ist, die einfachste alltägliche rationale Organisation in seine Hände zu nehmen, hasst dann der Sexist tatsächlich *das Andere*?

Unsere These, die wir von Horkheimer und Adorno übernehmen, ist, dass der so genannte Hass auf das Andere (oder den Anderen/die Andere) eher ein Hass auf das allzu Bekannte in einem selbst ist.[1]

Da es in der gegenwärtigen Gesellschaft praktisch keinen Platz für Selbstkritik oder Selbstreflexion gibt, wird der Hass, den man auf diejenigen eigenen Facetten hat, die – zum Beispiel aufgrund bestimmter gesellschaftlicher Normen – von einem selbst nicht akzeptiert werden, als Hass auf den *auserkorenen Anderen*, der in der Wirklichkeit der allzu Bekannte ist, projiziert. Was am Anderen gehasst wird, ist nicht das Unbekannte, sondern vielmehr das allzu Bekannte; das was man, entsprechend der herrschenden Logik, an sich selbst zu hassen hat, wird im Anderen gehasst.

Ein unvergessliches Verbrechen ist die Vernichtung der europäischen Juden, organisiert vom nationalsozialistischen Deutschland. Es gibt wenige Kulturen in Europa, die derartig eng miteinander verbunden und gegenseitig beeinflusst sind, wie die deutsche (im allgemeinen) und die jüdische. Die gesamte deutsche Kultur ist voller Einflüsse der jüdischen Tradition und zudem sprechen oder sprachen die Juden Osteuropas Jiddisch, eine Sprache, die eine ihrer stärksten Wurzeln in der deutschen Sprache hat. Die deutsche Kultur (im allgemeinen) von der jüdischen in

---

1   Siehe: Max Horkheimer und Theodor W. Adorno, *Dialektik der Aufklärung. Philosophische Fragmente*. In: Max Horkheimer: *Gesammelte Schriften*, Band 5: ›*Dialektik der Aufklärung*‹ *und Schriften 1940-1950*. Hrsg. v. Alfred Schmidt und Gunzelin Schmidt Noerr. Frankfurt am Main, 1987: Fischer. 461 S., insb. das Kapitel: „Elemente des Antisemitismus", S. 197-238, hier: S. 211: „Was als Fremdes abstößt, ist nur allzu vertraut".
    (Horkheimer und Adorno beziehen sich hier auf: Sigmund Freud, „Das Unheimliche", in: Sigmund Freud, *Gesammelte Werke*, Frankfurt am Main, 1968, Band XII, S. 254, 259 u.a.)

Europa zu unterscheiden ist schwierig (dies war so mindestens vor dem Nationalsozialismus, die Nazis taten alles, um das vergessen zu machen.)

Es war nicht der Abstand zwischen den deutschen Juden und den anderen Deutschen oder den Deutschen und den europäischen Juden, der dem am perfektesten realisierten Genozid der Geschichte vorausging, sondern vielmehr die Nähe zwischen deutscher und jüdischer Kultur. Die Deutschen, die sich für die Norm hielten, hassten nicht die deutschen Juden und die weiteren europäischen Juden, weil sie anders waren, sondern vielmehr, weil sie ihnen zu ähnlich waren.

Wegen dieser Nähe waren die Juden diejenige Gruppe, die (allein aufgrund ihrer puren Existenz) am meisten die nationalsozialistische Doktrin der ‚reinen Rassen' und der angeblichen ‚unüberwindbaren rassischen Unterschiede' in Frage stellten. Zugleich erleichterte diese Nähe die vorher erwähnte falsche Projektion. Diese sind zwei der Faktoren, die als Erklärungshinweise darauf dienen könnten, warum die europäischen Juden das Hauptziel der nationalsozialistischen Projektionen waren.

4. Die Anerkennung des *Anderen* besteht somit, in letzter Instanz, in der Selbstanerkennung. Das heißt: der Hass auf den Anderen kann nicht durch die Akzeptierung der Differenz des *Anderen* im Vergleich zu einem selbst verschwinden gemacht werden, sondern dies wird vielmehr durch die Anerkennung der internen Widersprüche, die jeder hat, und somit durch die Überwindung der Abhängigkeit von den gesellschaftlichen Normen, die uns alle unterdrücken, erreicht.

5. Der Begriff der *Identität*, der heute in zentraler Art und Weise in Theorien verwendet wird, die bestimmte repressive Züge der gegenwärtigen modernen Gesellschaft (Rassismus, Sexismus ...) kritisieren, impliziert nicht sosehr die Möglichkeit, die eigenen inneren Differenzen zu retten, sondern vielmehr ein Wiederaufleben der Negation dieser internen Widersprüche. Die Identitäten, wie sie im allgemeinen gedacht und versucht werden zu realisieren, neigen dazu, die internen Widersprüchen, im persönlichen wie innerhalb von Gruppen auszulöschen. Ein starker Begriff der Identität führt daher nicht zur Anerkennung des *Anderen* als *andere Identität*, sondern vielmehr zur Unterdrückung der inneren Widersprüche, und somit zum Wunsch, die eigenen unterdrückten Wünsche auf den

äußeren Anderen zu projizieren und damit zum Hass auf den *auserkorenen* Repräsentanten des *internen Anderen*, welches durch einen starken Begriff der Identität verboten ist.

Der Mensch ist nur als Toter mit sich selbst identisch. Solange er lebt, bewirken alle seine Erfahrungen, äußeren Einflüsse, Phantasien und Träume, Erfüllungen und Enttäuschungen, selbst der biologische Prozess des Wachstums der Kinder, der Entwicklung und des Alterns, dass er in keinem Moment mit dem vorhergegangenen identisch ist. Aber das Problem liegt noch tiefer, sogar in ein und demselben Moment gibt es unleugbare innere Widersprüche. Jemand kann beispielsweise im allgemeinen *heterosexuell orientiert* sein und sich plötzlich seiner homosexuelle Wünsche gewahr werden oder umgekehrt. Aber im allgemeinen akzeptiert keine Gruppe ohne weiteres diese *Extravaganzen*. Auch Minoritäten oder unterdrückte soziale Gruppen, wie Homosexuelle, sind im allgemeinen nicht damit einverstanden, wenn plötzlich einer von ihnen die Definition seiner Gruppen*identität* verlässt.

Aber gemeinhin erlaubt nicht einmal einer sich selbst solche *Identitätsbrüche*. Obgleich alle wissen, dass sie an einem Tag aufwachen können und sich zum Beispiel wünschen, mit einer bestimmten Frau zu schlafen und an einem anderen Tag stehen sie mit ganz anderen Wünschen auf, zum Beispiel mit einem Mann Liebe zu machen, erlaubt sich fast niemand den *Luxus*, jedem Morgens mit der zuvor mühevoll etablierten Identität zu brechen. Fast jeden Morgen wachen wir als jemand anderes auf, aber nur in sehr wenigen Fällen akzeptieren wir dies im Augenblick des Öffnens unserer Augen.

Das Nichtvorhandensein einer konstanten Identität wird in unserer Gesellschaft als *Verrücktheit* oder zumindest als Mangel an Kohärenz betrachtet. Dieses entspricht der Logik der sozialen Kontrolle, in der nicht definierbare Haltungen oder Handlungen das am wenigsten Erlaubte sind. Ein Ehepaar kann in den staatlichen Statistiken genauso leicht eingeordnet werden wie ein homosexuelles Paar, aber eine Person, die sich nicht definiert und immer weniger vorhersehbare Dinge macht, ist eine wirkliche Bedrohung für das klinisch-soziologische Auge, das die herrschenden Klassen benötigen, um zu wissen, was die da unten machen.

Aber auch die Gesellschaft selbst verlangt nach Kontrolle der *fixen Identitäten*. Wenn schon nicht mehr von der Möglichkeit einer freien Gesellschaft geträumt wird, so wird doch Gerechtigkeit zumindest in irgendeiner anderer Weise verlangt. ‚Niemand soll weniger unterdrückt werden als die Mehrheit', dies ist das neue Motto unserer Gesellschaft, ein Motto, das eine seiner Manifestationen in der *Zwangsidentität* hat.[2]

6. Die Überwindung des Rassismus, Antisemitismus und Sexismus besteht nicht sosehr in der Anerkennung des (äußeren) Anderen und dem Aufbau einer eigenen Identität, wie uns die so genannten postmodern Theoretikers glauben machen wollen. Sie bedarf vielmehr einer Analyse des intimen Verhältnisses, das die Begriffe Gleichheit, Differenz und Identität in unserer Gesellschaft haben, und somit einer Analyse der Züge unserer Gesellschaft, die zu einer erhöhten Aggressivität führen, die in letzter Instanz keine Aggressivität gegen den Anderen, sondern vielmehr eine selbstzerstörerische Tendenz ist, welche *notwendigerweise* mit unserer irrationalen und destruktiven gesellschaftlichen Ordnung einhergeht.

7. Der Verherrlichung der *Differenz* und *Identität*, weit entfernt davon, sich jenseits (im ‚post') der kapitalistischen Moderne zu befinden, macht vielmehr objektiv den Begriffsnebel dichter und verhindert die internen Widersprüche der gegenwärtigen Gesellschaft zu sehen. Sie recycelt noch einmal die absurde Phantasie, dass die selbstzerstörerische Tendenz der bürgerlichen Gesellschaft innerhalb deren Schranken aufgehoben werden könnte.

Die Postmodernen sind für die Moderne, was das Jesuiten für die katholische Kirche waren: sie sind augenscheinlich radikal aber auf der Ebene des Konzeptuellen und Prinzipiellen lau. Sie retten das, was zu verschwinden hat, durch ihre pseudo-radikale Kritik, welche die kompromisslose Kritik, die das Fortbestehen der unterdrückerischen Realität in Bedräng-

---

2   Siehe zum Problem der Identität auch: Bolívar Echeverría, „La identidad evanescente", in: Bolívar Echeverría, *Las Ilusiones de la Modernidad*, México, D.F. UNAM / EL Equilibrista, 1995, S. 55-74. Echeverría macht in diesem Text, von der Theorie von Wilhelm von Humboldt ausgehend, den Vorschlag, „die Universalität des Menschen auf eine konkrete Weise zu begreifen" (s. 58), womit, in unserer Begrifflichkeit ausgedrückt, die Gleichheit und zugleich die Differenz gerettet werden könnten. (Im Original: „concebir la universalidad de lo humano de manera concreta", S. 58].

nis bringt, unwirksam macht. Dies kann in bestimmten Fällen problemlos einhergehen mit dem subjektiven Willen, die Unterdrückung des Menschen durch den Menschen zu überwinden, was aber nichts an den in letzter Instanz negativen Auswirkungen für die Emanzipation ändert.

8. Die Debatte, ob die *Gleichheit* oder die *Differenz*, die *nationale* oder ‚ethnische' oder gar (warum nicht?) die *individuelle Identität*, das Geheimnis einer weniger abstoßenden Gesellschaft, als diejenige der wir angehören, sind, ist eine scholastische Debatte, weil sie in Wirklichkeit nichts anders ist, als eine Auseinandersetzung zwischen unterschiedlichen begrenzten Perspektiven auf das gleiche Gesamtphänomen, die bürgerliche Gesellschaft, die als notwendige Grundlage hat: *Zwangsgleichheit, Zwangsdifferenz* und *Zwangsidentität*.

Das Individuum als einzigartiges, *differentes* wird historisch ab demjenigen Augenblick überhöht, da die Vermassung der Gesellschaft anfängt, die persönliche Identität wird gerade dann gefeiert, wenn es sie immer weniger gibt. Die Einsamkeit jedes, in Abgrenzung zu den anderen, unterschiedlichen und mit sich selbst identischen Individuums ist die notwendige Grundlage des Massengesellschaft, das heißt, die Zwangsgleichheit basiert auf der Zwangsdifferenz.

Gleichzeitig erregt die sich verbreitende Massengesellschaft den Wunsch und den gesellschaftlichen Zwang, in derartig zentralen Aspekten *anders* zu werden, wie zum Beispiel die Marke des benutzten Autos, das bevorzugte Fußballteam, das verwendete Parfüm, die Lieblingsfernsehserie oder das gewählte Hobby. Auf internationaler Ebene werden immer mehr die nationalen Unterschiede besungen, während es offenkundig ist, dass diese tatsächlich auf beschleunigte Art und Weise verschwinden. Die Zwangsgleichheit provoziert die Zwangsdifferenz.

9. Die Lösung einer bestimmten Form der Abwesenheit von Freiheit kann nicht eine andere Form der Abwesenheit von Freiheit sein. Die *Unterdrückung*, die notwendigerweise die *Zwangsgleichheit* beinhaltet, kann nicht durch die *Zwangsdifferenz* überwunden werden an. Der Mangel an Freiheit den die *erzwungenen nationale Identität* beinhaltet, hat ihr Gegengift nicht in der erzwungenen ‚ethnischen' Identität und nicht einmal in der Individualidentität, die, trotz ihrer, im Vergleich zu den anderen

Identitäten, größeren Nähe zur Emanzipation, in der gegenwärtigen Gesellschaft nicht ohne ein Element des Zwangs existieren kann.

Aber: in der bürgerlichen Gesellschaft provoziert das Einklagen oder Vorstellen einer Freiheit – selbst der begrenztesten und flüchtigsten – notwendigerweise den Verlust einer anderen Freiheit.

10. Die Freiheit wird nicht erreicht, indem man sie aufgibt. Das klingt, als ob es eine Binsenweisheit sei, ist es aber nicht. Freiheit wird nur erreicht, indem ihre heutige prinzipielle Beschränkung überwunden wird, das ist die bürgerlich-kapitalistische Gesellschaft. *Gleichheit*, *Differenz* und *Identität* können sich nur in einer freien Gesellschaft frei entwickeln.
Das Geheimnis der Emanzipation der Indígenas, Frauen, Homosexuellen, Lesben und aller von der Mehrheitsgesellschaft als ‚Andere' Bezeichneter, ist die Emanzipation der Gesellschaft als solcher. Alles sonst ist nichts andres als der perverse Versuch, eine Unterdrückung mit einer neuen zu überwinden. Davon ist menschliche Geschichte voll, und es hat keinen Sinn, dies noch einmal zu wiederholen.